ふろ古

改訂版

風呂で覚える古文文法

教学社編集部 編

教学社

本書の特長

本書の目的――解釈のための文法

古文文法を学ぶ目的をここで確認しておきましょう。国語の入試問題の中で、文法問題の占める割合はどれくらいでしょうか？　たぶん一割にも満たないでしょう。ならばほうっておいていいのでしょうか？　答はもちろんＮＯです。口語訳問題の中にも文法問題が隠れているのです。なぜなら、文の構造や助動詞・助詞の意味用法が理解できなければ口語訳だってできやしないからです。つまり、古文文法は実際に古文を読み解くために絶対必要なものであり、文法を知らなければ文の理解そのものが難しいのです。そして入試問題は古文の内容を理解しているかどうかを問いかけてくるものです。文法問題のために盲目的にルールを覚えても退屈なだけですし、入試での成果は期待できません。本書は、《入試に直結する文法》＝《実際の文章を理解するための文法》と捉えて構成しています。

実際の問題に密着――頻出の設問形態が軸

赤本によって過去問を徹底調査した上で、頻出の設問形態を軸に配列しました。そもそも入試に最も必要な力は文章全体の理解力です。そのために有益な情報として、いわゆる文法問題以外にも文法からのアプローチが重要な問題を取り上げています。例えば、主語の指摘は解釈の上で最重要事項で、頻出問題です。その解決には接続助詞・敬語・文の構造などに関する文法的知識が欠かせません。こういった問題を取り上げているほか、〔第４章　敬語編〕では、単に《単語別》敬語ではなく、「物のやりとり」といった《場面別》にも敬語を取り扱い、「給ふ」のような超重要単語は、《単語別》と《場面別》の両方からアプローチできるようになっています。

便利な参考書――耐水性の合成樹脂

このように、文法教科書での体系的勉強とはひと味違った役に立つ参考書になっています。何と言っても《風呂で覚える》こともできるのです。体系的学習の合間、風呂でもアウトドアでも、ちょっとした場面で、少しずつ勉強していって下さい。

本書の活用法

《設問→解答→鍵→解説》×100ポイント

基本的に一ページ一項目とし、一〇〇の文法事項を掲げました。事項見出しの下に大文字で書かれているのが〔鍵〕です。例題の設問は、実際の入試問題から頻出の良問を精選し、訳や解説も付してあります。第1章からチェックしていくのもよいし、弱点から攻めていくのもよいでしょう。また、例題の答にかかわる訳や答は赤色になっているので、例題文との対応が分かりやすく、赤いフィルム等を使用すればさらに便利。ページの後半では文法項目の解説がしてあり、段階を踏んだ理解が可能です。まず例題を解き、大文字で書かれている〔鍵〕を押さえて下さい。その後〔比較〕〔識別〕〔コツ〕などの小見出しが付いた部分を読んで一つずつ知識を増やし、実力をつけていきましょう。

最後になりましたが本書の執筆は村田正純先生にお願いいたしました。厚く御礼申し上げます。

もくじ

＊数字は、上は項目番号、下はページ数を示す。

第4章　敬語編

第5章　助動詞編

第6章　識別編

第7章　修辞編

とにかく試験に出る　特殊構文リスト

❶ え〜打消 ― **不可能構文**　“〜できない”　→ 7頁

❷ さらに／つやつや／すべて／おほかた／つゆ／たえて／よに ｝ 打消 ― **打消強調構文**　“全く・決して〜ない”　→ 8〜12頁

❸ よも〜じ
- 一人称主語 ― **打消意志強調構文**　“決して〜ないつもりだ”
- 三人称主語 ― **打消推量強調構文**　“よもや（まさか）〜ないだろう”　→ 13頁

❹ をさをさ／いと／いたく ｝ 打消 ― **ゆるやか打消構文**　“あまり・それほど〜ない”　→ 14頁

※打消表現＝「ず」「じ」「まじ」「なし」「で」

---

❺ な〜そ ― **ゆるやか禁止構文**　“〜しないでくれ”　→ 15頁

❻ あなかしこ／ゆめ ｝ 禁止 ― **禁止強調構文**　“決して〜するな”　→ 16・17頁

※禁止表現＝「な」「な〜そ」「べからず」「なかれ」

❼
- いかで〜願望 ― **願望構文**　“なんとかして〜してほしい・したい”　→ 19頁
- いかで〜推量 ― **疑問（反語）構文**　“どうして〜か（いや〜ない）”　→ 19頁

❽ などか〜打消 ― **疑問（反語）構文**　“どうして〜ないのか（いや〜である）”　→ 21頁

❾ はやく〜けり ― **気付き構文**　“なんとまあ、〜だった”　→ 39頁

❿ いつしか〜願望 ― **願望構文**　“早く〜したい・してほしい”　→ 46頁

※願望表現＝「なむ」「ばや」「もがな」「てしかな」「にしかな」「たし」「まほし」「む」「べし」（意志）

1 え〜打消

不可能構文 "〜できない"と訳そう

問 次の文を訳せ。

内裏にえ参り給はで、（貫之集／東京学芸大）

訳 宮中に参上なさることができず、

⇩接続助詞「で」が打消語である。

「え」は副詞。打消語と呼応して不可能の意を表す。打消の意味の言葉が後にあることをまず確認しよう。"〜できない"と訳す。訳、副詞・打消語の補充の他、次のような慣用表現の訳が頻出。

慣用表現

□えも言はず＝えならず ▼言葉で表現できないほど（すばらしい・ひどい）

□えさらず ▼避けられない・やむを得ない

ここで確認❶

打消表現

助動詞「**ず**」「**じ**」「**まじ**」の諸活用（「ぬ」「ね」に注意 ↓73・101・102頁）

接続助詞「**で**」（「未然形＋で」で"〜しないで・〜でなくて"の意味）

形容詞「**なし**」の諸活用

※形容詞「〜**がたし**・〜**にくし**」の諸活用にも注意。

2 さらに〜打消

打消強調構文 〝全く〜ない〟と訳そう

問 次の文を訳せ。

さらにうつつともおぼえぬものかな。（平家物語／立命館大）

訳 全く現実とは思われないことだよなぁ。
⇩打消の助動詞「ず」の連体形「ぬ」が打消語。

「さらに」は副詞。打消語と呼応して打消を強調する。〝全く・決して・少しも（〜ない）〟と訳す。

漢字 入試では「更に」と表記されているものを提示して、〝改めて・再び〟という誤訳に誘い込むパターンが多い。漢字表記であっても打消語と呼応すれば打消強調である。

慣用表現 次の慣用句はどれも同じ意味。〝全く言うまでもない・もちろん〟と訳そう。この慣用句が頻出であることは「さらにも言はず」。

- □さらにも言はず
- □さらなり
- □言ふもさらなり
- □言へばさらなり
- □言へばおろかなり＝言ふもおろかなり

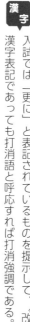

3 つやつや〜打消

打消強調構文 〝全く〜ない〟と訳そう

問 次の文を訳せ。

つやつや騒ぎたるけしきもなくて、（十訓抄／明治大）

訳 全く驚いた様子もなくて、

⇩形容詞「なし」の連用形「なく」が打消語。

「つやつや」は副詞。打消語と呼応して打消を強調する。〝全く・決して・少しも（〜ない）〟と訳す。

打消を伴わない場合は〝つくづく・よくよく・すっかり〟という意味になる。

比較 □国司の姿をつやつやとうち眺め、（当流小栗判官）

▼国司の姿をつくづく眺め、

以下は訳の問題。

過去問 □つやつや物も申されず（平家物語／日本大）

▼全く物も申し上げられない

□つやつや知らぬ人（徒然草／日本大）

▼何も分かっていない人

4 すべて〜打消

打消強調構文 〝全く〜ない〟と訳そう

問 Ⓐ・Ⓑの傍線部を訳し、違いを説明せよ。

Ⓐ城もなし。すべてたちあふべきかたもなし。

Ⓑすべて蜂短小のものなれども仁智の心あり。

（十訓抄／大阪市立大）

訳 Ⓐ城もない。全く合戦できる方法もない。 Ⓑおよそ蜂というものは短小なものではあるが、仁智の心はある。

答 Ⓐは〝全く〟の意味で、「なし」と呼応して打消を強調している。Ⓑは〝およそ〟の意味で、以下の話題を一般論として提示している。

「すべて」は副詞。打消語と呼応して打消を強調する。〝全く・決して・少しも（〜ない）〟と訳す。

比較 打消を伴わない場合は〝一般に・およそ〟という意味になる（⇩Ⓑ）。

副詞「おほかた」も、(1)普通文では〝一般に・普段〟の意で、(2)打消を伴うと打消強調構文となる。

同類 (1)大方の春だにも、暮れゆく空はものうきに、（平家物語／佛教大）

▼普段の春でさえも、暮れゆく空はもの憂いのに、

(2)この殿は、おほかた歌のありさま知り給はぬにこそ。（宇治拾遺物語）

▼この殿は、全く歌を詠むことをご存じない方なのだ。

5 つゆ(も)〜打消

打消強調構文 〝少しも〜ない〟と訳そう

問 Ⓐの文を訳せ。また、Ⓑの傍線部を五字以内で訳せ。

Ⓐつゆあるべきこととも思したらぬを、（堤中納言物語／千葉大）

Ⓑ昔につゆちりもたがはず。（閑居の友／立教大）

訳 Ⓐ決して望ましいこととも思っていらっしゃらないのを、

Ⓑ昔と少しも違わない。

答 Ⓑ少しも

⇩Ⓑ「つゆちり」はもともとは〝露《つゆ》と塵《ちり》〟でわずかなもののたとえだが、ここでは「ず」と呼応する一語の副詞として使われている。

「つゆ」「つゆも」「つゆちり」「つゆちりも」は副詞。打消語と呼応して、打消を強調する。〝少しも・全く（〜ない）〟と訳す。

漢字 「露」と書かれていても名詞ではなく、副詞の場合もある。

□露忘るるにはあらねど、（徒然草）▼少しも忘れるわけではないが、

「たえて（絶えて）」も打消を強調する副詞である。

同類 □御いらへはたえてせず。（源氏物語）▼ご返事は全くしない。

6 よに〜打消

打消強調構文 〝決して〜ない〟と訳そう

問 Ⓐ・Ⓑの傍線部を訳せ。

Ⓐ文はよに見給はじ。（大和物語／福岡大）

Ⓑよにあやしげにうちまもり、（平治物語／北海道大）

訳 Ⓐ手紙は決してご覧にならないだろう。

Ⓑまことに不審そうにじっと見つめ、

⇩Ⓐは打消語があるがⒷにはないので、意味が違ってくる。

「よに」は副詞。打消語と呼応して、打消を強調する。〝決して・断じて（〜ない）〟と訳す。

比較 打消を伴わない場合は〝まことに・甚だしく〟という意味になる（⇩Ⓑ）。

漢字 漢字で「世に」と表記されているものは副詞の場合もあるが、名詞「世」＋助詞「に」の場合もあるので要注意。以下は訳の問題。「よに」はどちらの意味も問われる重要語なのだ。

□世にあらん者のむこになして、出仕なんどをも心やすうせさせんとすれば、世になき者を思ひそめて（平家物語／立命館大）

▼**世間で勢いのあるような者**のむこにして、仕官なども楽にさせようとしたところ、（おまえときたら）世間に相手にされない日陰者を心にかけはじめおって

7 よも～じ

一人称〝決して～ないつもりだ〟／三人称〝まさか～ないだろう〟

問 傍線部を訳せ。

かばかりめでたきことはよも侍らじ。（無名草子／静岡大）

訳 これほどすばらしいことはまさかないでしょう。

「よも」は副詞。打消推量の助動詞「じ」と呼応して打消を強める。

注意

✿一人称で「よも～じ」といえば〝（私は）決して～ないつもりだ〟の意味。三人称なら〝（○○は）まさか～しないだろう〟の意味になる。

✿会話や思考部分の文末が「よも」となっている場合、それより後の表現が省略されているので、「あらじ」や「はべらじ」などの打消推量表現を後に補って解釈する必要がある。といっても難しいことではない。現代の私たちが、何かを否定しようとして「まさか！」と言うのと同じことである。「よも」「よもや」で「まさか」「いや決して」と同じように否定の意味があるのだ。

例 思ひ立ちたまひね。さりとも、うしろめたきことは、よも。（源氏物語）

▼（上京を）ご決心なさい。そうだとしても、心配するようなことは、決して（ないだろうから）。

8 をささ～打消

ゆるやか打消構文 〝ほとんど～ない〟と訳そう

問 傍線部の訳を選べ。

山はすべて若木のしもと原にて、年古《ふ》りたる木などは、をささ見えず。
（菅笠日記／センター試験）

Ⓐ数多くは　Ⓑ必ずしも
Ⓒほとんど　Ⓓはっきりとは
Ⓔ長く大きく

訳 山はすべて細枝の低い若木の原っぱで、年数を経た木などは、ほとんど見えない。

答 Ⓒ

⇩助動詞「ず」と呼応して、ゆるやか打消構文となっている。

「をささ」は副詞。打消語と呼応して、打消をやわらげる。〝ほとんど（～ない）〟と訳そう。

副詞「いと(も)・いたく」も打消語と呼応した場合は打消をさらにやわらげる。打消を伴わない「いと・いたく」は〝とても・まことに〟という意味である。

同類

□いともほめられざりければ、（宇治拾遺物語／実践女子大）

▼それほどお褒めにもならなかったので、

9 な＋連用形＋そ

ゆるやか禁止構文〝～しないでくれ〟と訳そう

問 傍線部を文法的に説明したものを選べ。

武蔵野は今日はな焼きそ（露殿物語／中央大）

Ⓐ感動詞＋動詞連用形＋助詞
Ⓑ副詞＋動詞連用形＋感動詞
Ⓒ副詞＋動詞連用形＋助詞
Ⓓ助動詞＋動詞連用形＋感動詞

訳 武蔵野の原を今日だけは焼き払わないでくれ

答 Ⓒ

「な～そ」はゆるい禁止表現。「な」は副詞、「そ」は終助詞、間には動詞の連用形が入る。

注意
✿力変・サ変動詞の場合だけは「なこそ」「なせそ」となり、未然形が入る。
✿「な」と「そ」の間がかなり離れている場合もあるので注意。

発展
「なこそ」が地名「勿来《なこそ》の関」と掛詞になっていることもある。
□吹く風をなこその関と思へども道もせに散る山桜かな（千載和歌集）
▼吹く風をここには吹かないでくれと止める勿来の関のはずなのに、道も狭く感じられるほど風に吹き散る山桜だよ。

10 あなかしこ〜禁止

禁止強調構文〝決して〜するな〟と訳そう

問 傍線部を訳せ。

あなかしこ、あけ給ふな。（俊頼髄脳／近畿大）

訳 決して、開けないでください。
⇩終助詞「な」と呼応している。

「あなかしこ」は副詞（元々は感動詞「あな」＋形容詞「かしこし」の語幹）。禁止表現と呼応して禁止を強調する。〝決して・絶対に（〜するな）〟と訳そう。

比較 打消を伴わない場合は〝ああ、恐ろしい・恐れ入ります〟と訳す。以下は傍線部を訳す問題。
□「あなかしこ。このわたりにわかむらさきやさぶらふ」とうかがひたまふ。（紫式部日記／早稲田大）
▼「恐縮だが。この辺に若紫は控えているかね」と言ってお覗きになる。

ここで確認②

禁止表現

「**な**」（終助詞）
「**な〜そ**」（副詞＋〜終助詞）
「**べからず**」（助動詞「べし」＋「ず」）
「**なかれ**」（形容詞命令形）

「な〜そ」（↓15頁）以外は、どれもみんな現代の私たちもおなじみの表現ばかりである。おそれるなかれ。

11 ゆめ〜禁止

禁止強調構文 〝決して〜するな〟と訳そう

問 Ⓐ・Ⓑの文を訳せ。

Ⓐゆめ寝《い》ぬな。（更級日記／青山学院大）

Ⓑゆめゆめしかな思しそ。（多武峰少将物語／関西学院大）

訳 Ⓐ決して寝るな。

Ⓑ決してそのようにはお考えにならないでください。

⇩Ⓐは終助詞「な」、Ⓑは「な〜そ」と呼応して、禁止強調構文になっている。

「ゆめ」も「ゆめゆめ」も副詞。「あなかしこ」と同様に禁止表現と呼応して禁止を強調する。〝決して・絶対に（〜するな）〟と訳そう。

注意 倒置法によって文末に来る場合もあるが、訳し方は同じ。

例 舟出して水島にゆかむ、波立つなゆめ。（万葉集）▼舟出して水島に行こう、**決して**波よ立つな。

比較 「ゆめ（夢）に〜（打消）」は、**打消強調構文**である。〝全く・全然〜（ない）〟と訳す。実は、**禁止強調構文**の「ゆめ」は、漢字で書くと「努」「勤」「努力」で、その字の通り〝努めて（〜するな）〟の意味がある。打消強調構文の「夢に」とは、全く違う言葉なのだ。

□ゆめにも知らず。▼全く知らない。

12 いさ〜（知らず）

"さあ、（分からない）"と訳そう

問 傍線部の訳をⒶ〜Ⓔから選べ。

人はいさ心も知らずふるさとは花ぞ昔の香ににほひける
（古今和歌集／法政大）

Ⓐ少しも　Ⓑさあどうであろうか　Ⓒだれしも
Ⓓ十分に　Ⓔはっきりと

訳 人間の方はさあどうであろうか、その心は分からない。昔なじみの土地の方は、花が昔のままの香りで匂っていることだ。

答 Ⓑ

「いさ」は感動詞で、返事をぼかすときの表現。"さあ?"の意である。

注意 「いさ」と「知らず」の間が離れているものや、「知らず」が省略されたものがあるので注意。

例 犬上の鳥籠《とこ》の山なる名取《なとり》川いさと答えよ我が名もらすな（古今和歌集）
▼犬上の鳥籠の山にある名取川ではないが、浮名を取りたくないから他人から恋の相手を尋ねられても「さあ、知らない」と答えろ、私の名をもらすな。

比較 感動詞「いざ」は"さあ、〜しよう"と行動を促す表現である。「いざさせ給へ」「いざ給へ」は慣用表現。
□いざさせ給へ（沙石集／東京女子大）▼さあ、一緒にいらっしゃい

13 いかで（か）〜連体形

願望〝なんとかして〟／**疑問・反語**〝どうして〟

問 Ⓐ・Ⓑの傍線部の意味を、アー疑問、イー反語、ウー願望、の中から記号で選べ。

Ⓐ世の中に物語といふもののあんなるをいかで見ばやと思ひつつ

Ⓑ姉・継母などやうの人々の…わが思ふままに、そらでいかでかおぼえ語らむ。

（更級日記／中央学院大）

訳 Ⓐ世の中に物語というものがあるそうだが、それをなんとかして読みたいと思っては

Ⓑ姉や継母などといった人々が…私の思い通りに、どうして暗記して語ってくれるだろうか。いや、してくれるはずがない。

答 Ⓐウ Ⓑイ

⇩Ⓐ「ばや」は願望。このとき「いかで」は〝なんとかして〟の意。Ⓑ「む」は推量の意。このとき疑問もしくは反語となる。

「いかで」は副詞。下にある助詞・助動詞の意味によって解釈が分かれる。→6頁特殊構文リスト参照

「いかでか」（＝「いかで」＋係助詞「か」）の場合は反語の例が多い。

注意

「いかで（か）」に続く〝〜したい〟の部分が省略される場合もあるので注意。以下は訳の問題。

□まだ見ぬ人などをも、よしと聞くをこそは、いかでと思ふなれ。（枕草子／愛知大）

▼まだ見ない女などでも、綺麗だと聞く人を「**なんとかして**（妻にしたい）」と（男は）思うようだ。

14 など（てか）〜連体形 ……「など・などてか」は疑問・反語

問 Ⓐ・Ⓑの傍線部を訳せ。

Ⓐ「などえのぼりたまはぬ」ときこえ給ひけれど、（多武峰少将物語／東京大）

Ⓑ渡し守、などてか辞び申さむ。（俊頼髄脳／立命館大）

訳 Ⓐ「どうしてお上がりになることができないのですか」と申し上げなさるが、
Ⓑ川の渡し守が（船を出すことを）、どうしてお断り申し上げるだろうか、いやそんなことはないだろう。

「など」「などて」「なに」「なでふ」等は疑問・反語の副詞。
「などてか」（＝「などて」＋係助詞「か」）の場合は、ほとんどが反語の意味になる。

ここで確認③

副詞の結び

「いかが・いかで・など・なに」は、「ぞ・なむ・や・か」がなくても連体形で結ぶ、特殊なものである。

例 いかがはならむとする。（栄花物語） ▼どうなるというのか。

15 などか～打消

「などか」は常に打消を伴って、**疑問・反語**になる

問 傍線部の後に補うのはⒶ・Ⓑどちらが適切か。

入道殿、「歌はおぼえさせ給はじ」とのたまひけるを、「そればかりは、などか」とて、

（古今著聞集／上智大）

Ⓐおぼえん　Ⓑおぼえざらん

訳 入道殿が「その歌は覚えていらっしゃらないでしょう」とおっしゃったので、（中院僧正は）「それくらいのことは、どうして（覚えていないことがありましょうか、いや当然覚えています）」と言って、

答 Ⓑ

「などか」は疑問・反語の副詞「など」＋係助詞「か」。文末は連体形で結ぶ。常に**打消語を伴って用いる**点に特徴がある。

ここで確認④

反語の訳

(1)反語文に**打消語がある**　↓意味上は**肯定**　〝どうして～ないのか、いや～する〟

例 などか覚えざらん　↓覚えて**いる**

(2)反語文に**打消語がない**　↓意味上は**否定**　〝どうして～か、いや～しない〟

例 いかでか覚えむ　↓覚えて**いない**

16 係り結び

「や・か・ぞ・なむ」は連体形結び／「こそ」は已然形結び

問 傍線部を受ける語を記せ。

今年こそ、なりはひにも、頼むところすくなく、ゐ中の通ひも、思ひかけねば、いと心ぼそけれ、北殿こそ、聞き給ふや、など、言ひかはすも聞ゆ。

（源氏物語／津田塾大）

訳 「今年は、商売でもあてにできるのが少なく、田舎まわりの行商も、見込みがないのでとても心細い、北隣さん、聞いていらっしゃいますか」などと言い交わすのも聞こえる。

答 心ぼそけれ

⇩「こそ」の結びの已然形を探す。話し手による「今年」の状況説明は形容詞の已然形「心ぼそけれ」まで。答は「けれ」だけでは×。

係助詞により文末の活用形が決まるが、文末がどこかを探すのが問題。例題のように「、」「。」に惑わされやすいものや、以下のような場合に注意。

(1)会話・思考部分 →34頁　(2)挿入部分 →35頁

(3)倒置 **例** 山里は冬ぞさびしさまさりける人目も草もかれぬと思へば（古今和歌集）

▼山里は冬に寂しさが強くなる。人目もなくなり草も枯れてしまうと思うと。

意味	係助詞	結び
疑問・反語	や・か	連体形
強意	ぞ・なむ	連体形
強意	こそ	已然形

17 係り結び① や・か……「やは・かは」となればほとんどが反語

問 傍線部を訳せ。

皇胤《くわういん》なれど、姓《しやう》賜はりてただ人にて仕へて、位につきたる例やはある。（大鏡／千葉大）

訳 皇室のお血筋であっても、姓をいただいて（皇族ではない）一般人として帝にお仕えして、それが皇位についた前例があるだろうか、いやありはしない。

⇩皇族には姓がない。姓をもらうということは臣下に下るということ。

「や」「か」は疑問・反語の係助詞である。これに、さらに係助詞「は」が付いた場合は、意味が強調されるので、多くは反語となる。〝～だろうか？〟という疑問の気持ちが発展して、〝～だろうか？　本当にそうか？　いいや、違うだろう？〟＝〝～ではない〟となるのだ。

例題は、誰を次の帝とするかの会議上で、源　融《みなもとのとおる》が自分も皇族の血を引くものだとして名のりを挙げたのに対し、藤原基経《もとつね》が「そんな前例は絶対にない」と厳しく裁定した場面。

コツ 入試では反語を問うものが圧倒的に多い。それでも「や」「か」の場合は文脈で判断するしかないが、「やは」「かは」となればほとんどが反語と考えてよい。

18 係り結び② ぞ・なむ・こそ

「ぞ・なむ・こそ」は強意

問 Ⓐの文とⒷの和歌の空所に適切な係助詞を補え。Ⓑの和歌は故人を思って詠んだ歌である。

Ⓐあまり物さわがしく□立ちたまひにしか。
Ⓑ思ひいづる心もげに□つきはつるなごりとどむる有明の月
（建礼門院右京大夫集／東北大）

訳 Ⓐ（あなたは）ひどく慌ただしくお帰りになってしまいましたね。
Ⓑ思い出す私の心も尽きてしまいそうです。亡くなった方の思い出をとどめる有明の月を眺めていると。

答 Ⓐこそ Ⓑぞ

⇩「こそ」か否かは已然形結びかどうかですぐ分かる。「こそ」でなければ、まず意味の上から疑問・反語か強意かを考えよう。

「ぞ」「なむ」（連体形結び）、「こそ」（已然形結び）は、強意の係助詞。

☆Ⓐは、結びの「しか」が過去の助動詞「き」の已然形である。已然形結びを要求する係助詞は「こそ」しかない。

☆Ⓑは、意味の上から空欄には、疑問・反語ではなく強意の係助詞が必要と判断する。また、この和歌は三句切れとなっていて、「果つ」の連体形「はつる」が結びである。これに気付けば「こそ」を排除できる。さらに和歌の音数から二音の「なむ」を排除して一音の「ぞ」が入ると判断する。

19 係り結び③ 結びの省略

にや・にか（あらむ）／にこそ（あらめ）

問 傍線部の後に、平仮名を用い三文字で述部を補え。

かの貫之が「時雨もいたく」と言ひけるはこのわたりにやと、故事《ふるごと》ぞ先づ思ひ出でられし。（小島のくちずさみ／学習院大）

訳 あの紀貫之が「時雨もひどく」と詠んだのはこの辺りだろうかと、故事がまず思い出された。

答 あらむ

「結びの省略」とは、係助詞で文が終わっていて、述語（結び）の部分がないものである。

頻出

係り結びの法則にしたがって、省略された部分を補う問題が出題される。出題の多いものは次のような表現。分かりきった部分を省略しているのだ。

(1)「にや」「にか」「にぞ」「になむ」「にこそ」⇩《あらむ》（丁寧な会話文では《侍る・侍らむ》）が省略。⇩《あらめ》（丁寧な会話文では《侍れ》）が省略。

(2)「とや」「とか」「とぞ」「となむ」「とこそ」⇩《言ふ》《聞く》が省略。⇩《言へ》《聞け》が省略。

(3)和歌の直前の「かくなむ」⇩《詠める》が省略。

20 係り結び④

結びの流れ

結語＋接続助詞／結語＋名詞で、結びはお流れ

問 傍線部の結び方はどうなっているか、説明せよ。

都をたつ旅人、この宿にこそとまりけるが、今はうちすぐるたぐひのみ多くして、家居もまばらになりゆく（東関紀行／神戸大）

訳 都を出立する旅人は、かつてはこの宿に泊まったものだが、今はただ通過する人ばかりが多くて、家並みもまばらになっていく

答 「けれ」と已然形で結ぶはずのところだが、接続助詞「が」が接続したため連体形「ける」となり、係り結びは流れてしまった。

係り結びは、結びの語で文を終える場合に成立する。したがって、結びの語に助詞や名詞がくっついて後に続く場合には成立しない。これを**結びの流れ（消滅）**と呼ぶ。

頻出

(1)結びの語＋接続助詞の場合　⇩例題のように接続助詞が下接すれば、すべて結びは流れる。

(2)結びの語＋名詞の場合　⇩結びの語は連体形となるが、それは名詞に続くためであって結びそのものは流れている。

例 人々なむ別れがたく思ひて、日しきりにとかくしつつ、ののしるうちに夜更けぬ。（土佐日記）

▼人々が別れがたく思って、一日中あれこれしながら騒ぐうちに夜も更けてしまった。

21 係り結び⑤ こそ〜已然形

……「こそ〜已然形、…」は逆接で訳そう

問 傍線部を訳せ。

ありのままにこそ言はね、皆世の中に常にある事どもにて、（源氏物語玉の小櫛／岡山大）

訳 ありのままに言いはしないが、どれも世間にいつもあることであって、

⇩「こそ」の結びは「ね」（打消の助動詞「ず」の已然形）。ここを打消で訳し、さらに逆接に訳す。

「こそ」の結びとなる已然形の部分で文が終わらずに下に続いている場合、「が」「けれども」「のに」などを補い、逆接で訳すのが原則。

発展 「Aこそあらめ（あれ）、…」の場合は、〝Aはあるけれども、…〟と訳す場合と、〝Aはともかくとして・Aはよいだろうけれども、…〟という特殊な訳をする場合とがある。以下は訳の問題。この問題は、傍線部後に「子孫まで」とあるので文脈がつかみやすい。

□その人こそあらめ、子孫まで一時に滅び給ひけるこそ恐ろしけれ。（榻鴫暁筆《とうでんぎょうひつ》／関西大）

▼（道真の呪いに直接関係のある）**その人本人はともかくとして**、子孫まで一挙に滅びなさったことは、まことに恐ろしいことだ。

22 係り結び⑥ もぞ・もこそ……危惧構文〝〜たら大変だ・困る〟と訳そう

問 Ⓐ・Ⓑの傍線部を訳せ。

Ⓐ思ひもぞつくとて、この女をほかへ逐《お》ひやらむとす。（伊勢物語／日本女子大）

Ⓑあなあさまし。人もこそ見参らすれ。（平家物語／広島大）

訳 Ⓐ「(うちの息子があの女に) 執着しては困る」と言って、この女をよそに追いやろうとする。

Ⓑこれはあきれたこと。他人が（お姿を）拝見などしたら大変だ。

⇩Ⓐ「とて」の前までがせりふなので、「もぞ」の結びは「つく」（連体形）。Ⓑ「参らすれ」は「もこそ」の結びで已然形。

「もぞ」「もこそ」はどちらも係助詞＋係助詞で、危惧される事態を想定し、それへの困惑を表す。〝〜たら大変だ・困る、〜するといけない〟と訳そう。例題では、Ⓐ息子が身分の低い女に執着すること、Ⓑ隠れ住んでいた平家の若君が人に姿を見られることが、それぞれ望ましくない悪い事態だったのである。

「もぞ」は連体形、「もこそ」は已然形で結ぶ。

23 主語探し①

接続助詞「ば／ど／に／を」の後、主語が変わる

問 以下は筆者とその夫の会話である。傍線部の主語を記せ。

「あなかしがまし。御子ぞかし」と(私が)言ふに、驚きて、「如何に、いづれぞ」とありしかど、とみに言はねば、「もし、ささのところにありと聞きしか」とあれば、

(蜻蛉日記／上智大)

訳 (私が)「ああうるさい。あなたの子ですよ」と言うと、(夫は)驚いて、「どうして。どの女のか」と言うが、(私が)すぐには言わないでいると、(夫は)「もしかしたらこれこれの所にいると聞いていた子か」と言うので、

答 筆者

⇩接続助詞「に・ど・ば」で主語が転換している。

「ば／ど／に／を」 ⇩直後で主語(動作主体)が変わることが多い。

「て／で」 ⇩直後で主語が変わることは少ない。

例題では「言ふに」「ありしかど」「言はねば」の後で主語が変わり、「驚きて」の後では主語が変わらない。

コツ 接続助詞を一区切りとして部分ごとの主語を捉えていくと、長文も分かりやすくなる。

24 主語探し②

……相手の反応部分で主語が変わる

問 傍線部Ⓐ～Ⓒの主語を記せ。

御膳宿《おものやどり》の刀自《とじ》を呼びいでたるに、「殿上に兵部の丞といふ蔵人呼べ呼べ」と、恥もわすれてⒶ口づからいひたれば、Ⓑたずねけれど、Ⓒまかでにけり。

（紫式部日記／山口大）

訳 （私が）御膳宿の女官を呼び出したときに、そのものに「殿上の間にいる兵部の丞という蔵人を呼べ」と、恥も忘れて直接言ったので、（女官は）探したけれども、（蔵人は）既に退出してしまっていたのだった。

答 Ⓐ筆者 Ⓑ刀自 Ⓒ蔵人

⇩接続助詞「ば・ど」での主語転換にも合致している。

話しかけたり、視線を向けたり、物を与えたり、近寄ったりすると、直後の部分は**その相手の人の反応・状況が描写される**ことが多い。

例題では、《私》が言う↓《言われた相手（女官）》の反応の描写、《女官》が探す↓《探された相手（蔵人）》の状況描写となっている。

25 主語探し③

省略されている「私」（＝筆者）を忘れるな

問 傍線部の主語を記せ。

さいふいふも、女親といふ人あるかぎりはありけるを、久しうわづらひて、秋の初めのころほひ、むなしくなりぬ。

（蜻蛉日記／成蹊大）

訳 そうは言いながら、母親というものが生きている間は（私も）世の中で過ごしてきたが、（母は）長く患って、秋の初めのころに死んでしまった。

答 筆者

⇩最初の主語―述語関係は「女親といふ人―ある」で完結しており、傍線部「あり」の主語は「女親」ではない。接続助詞「を」以降の主語は再び「女親」である。

主語＝筆者「私」の省略は日本語として普通。出典が随筆、日記ならば隠れている「私」を意識しよう。『枕草子』『紫式部日記』『更級日記』『徒然草』等で、その場にいるはずの筆者を主語として指摘する問題が頻出する。

過去問

□もののかくれより、しばし見ゐたるに、妻戸を今すこしおしあけて、月みるけしきなり。

（徒然草／広島修道大）

▼ものの陰から（私が）しばらく見ていたところ、（家主は）開き戸をもう少し開けて月を見る様子だ。

26 主語探し④

物語では主人公・中心人物を忘れるな

問 傍線部の主語を記せ。

藤壺の宮、なやみ給ふことありて、まかで給へり。上のおぼつかながり、嘆かせ給ふ御気色も、いといとほしう見たてまつりながら、かかる折だにと、こころもあくがれ惑ひて、

（源氏物語／國學院大）

訳 藤壺の宮はお患いになることがあって、内裏を退出なさった。帝が心配なさり、お嘆きになるご様子を、（源氏は）とてもお気の毒だと拝察しながらも、せめてこのような機会だけでも（藤壺の宮にお会いしたいものだ）と、（源氏は）心も上の空に迷って、

答 光源氏

⇩文中に明示された人物は「藤壺の宮」「上（帝）」。内裏を退出した「藤壺」は「上」の様子を拝察できない。そこで主人公を考えよう。

主人公＝物語の主人公が主語となる場合はほとんど明示されない。例題は『源氏物語』なのだから、主人公「光源氏」がどこかにいることを認識すべきなのである。

中心人物＝全体の主人公でなくても、一つの章・段落が「ある人物」にスポットを当てて書いてある場合は、その人物を重視しよう。例えば『源氏物語』の後半では「薫」。

27 主語探し⑤

敬語が主語判定の決め手になる

問 傍線部の主語を記せ。

姫君の乳母《めのと》、れいならずここちおぼえければ、姫君のゆかしうおはしますに、立ち寄らせたまふべきよし、侍従がもとへ言ひやりければ、忍びつつおはしたりければ、

（住吉物語／九州大）

訳 姫君の乳母はいつもの通りでない心地がし（て死を予感し）たので、姫君が慕わしく思われますので、お立ち寄りくださるようにと、（乳母が）侍従の所へ言いやったところ、（姫君は）人目を忍んでおいでになったので、

答 姫君

⇩「乳母」「侍従」「姫君」が登場人物。尊敬語で表現されているのは「姫君」だけ。

特定の人物に尊敬語が使われている部分、「自分」について謙譲語が使われている部分に注意。『枕草子』における清少納言と中宮定子のように主従関係がはっきりしている場合、多くは主語が示されないので敬語で判断しよう。

例 ものも言はでさぶらへば、「など、かう音もせぬ。もの言へ。さうざうしきに」と、おほせらるれば（枕草子）

▼（私が）何も言わないでお側に控えていると、（中宮様が）「どうして、こうひっそりしているのか。何か言え。もの寂しいから」とおっしゃるので

28 会話・思考部分……「と」「など」に着目して「 」を付ける

問 文中の□に「こそ」を補った場合、一部語形を変える必要がある。変わる部分を、適切な語形で記せ。

「攝津国箕面の瀧へまいり、瀧の水にうたれて□じやきごゝろはうするとうけたまはり候。」と人いひければ、やがてみのをへまいり、

（平治物語／大阪大）

訳 「『摂津の国の箕面《みのお》の滝へ参り、滝の水に打たれると邪気心（もののけ憑きの状態）は薄れる』と伺いました」と、ある人が言ったので、すぐに箕面へ参り、

答 うするれ

文中の会話・思考部分の「 」は入試の問題文では付いていないことも多い。助詞「と」「など」の直前には、会話・思考部分の終わりを示す《…。」》を補って考えよう。

コツ 言葉の修飾関係・係り結び等が、「 」の内部と外部では入り交じらないことにも注意。形式的な文末だけで判断してはダメ。例題では、「 」の中にも引用箇所があるのでさらに『 』が必要となり、《』》の直前が「こそ」の結びとなる。

29 挿入部分

筆者の感想・疑問が挟み込まれた部分

問 次の文の中から、挿入部分を抜き出せ。

いかでおりなむと思へど、さらにみじろがれねば、いますこし奥に引き入りて、さすがにゆかしきなるめり、御《み》几《き》帳《ちやう》のほころびよりはつかに見出でたり。

（枕草子／國學院大）

訳 （私は）なんとかして局へ下がろうと思うけれども、全く身動きができないので、もう少し奥に引っ込んで、――それでもやはり見たいのであろう――御几帳の隙間からわずかにのぞいてみた。

答 さすがにゆかしきなるめり

⇩文の途中なのに終止形「めり」があることで判断する。例題は、『枕草子』の中で清少納言が初めて出仕したときの回想の段。

コツ

挿入部分は（ ）でくくって考え、修飾関係・係り結び等が、（ ）の内と外で入り交じらないことに注意。

文の途中に、次のような**疑問の係助詞と推量の助動詞**《～や～む／～か～む／～にや（あらむ）／～にか（あらむ）》がある場合にも挿入部分と考えよう。

例 男どちは、心やりにやあらむ、漢詩《からうた》などいふべし。（土佐日記）

▼男たちは、気晴らしのためだろうか、漢詩などを吟じているようだ。

30 準体言

……準体言は「こと／もの／ひと／とき／の」を補う

問 傍線部中に準体言の用法を含むものをⒶ～Ⓓから選べ。

Ⓐあすとて、まかり申しのよしに
Ⓑ急ぎ出でにしも心にかかりて、
Ⓒ年さへ暮れぬる心細さ、
Ⓓ聞こえたりしを、たちかへり、その御返事あり。

（十六夜日記／神戸学院大）

訳 Ⓐ（出発は）明日だと、お暇《いとま》ごいの意味で
Ⓑ急いで退出してしまったことも気がかりで、
Ⓒ年までもが暮れてしまう心細さ、
Ⓓ申したところ折り返しその御返事があった。

答 Ⓑ

⇩Ⓐ「まかり申し」は名詞。Ⓑ連体形「し」の後に「こと」が補える。Ⓒ「暮れぬる」は連体形だが、体言を修飾する用法。Ⓓ「し」の直後が接続助詞。体言は補えない。

連体形の用法

(1)準体言用法　連体形の後に「こと」などの名詞や助詞「の」を補って体言として訳す。

例 神へ参るこそ本意なれ　▼神に詣ることこそ本意である
賤しきあり　▼身分の賤しい人がいる
遅らかし給ふべきならねば　▼後に残しなさってよいものでないので

(2)体言を修飾（⇩例題Ⓒ）
(3)係助詞・疑問副詞の結び
(4)余情表現としての体言止め

31 並立連用形

並立連用形はすべて付属語を付けて訳す

問 (例)と同様の構文のものを選べ。

(例)たとひ舞を御覧じ、歌をきこしめさずとも、（平家物語）

Ⓐ思はるる・思はれぬがあるぞ、いとわびしきや

Ⓑ親などのかなしうする子は、目立て、耳立てられて、

Ⓒ親にも、君にも、すべてうち語らふ人にも、人に思はれむばかり（枕草子／早稲田大）

訳 (例)たとえ舞を御覧にならず、歌をお聴きにならなくても、Ⓐ愛される者・愛されない者があるのは、とてもつらいことだ Ⓑ親などの可愛がっている子は、注目され、関心をもたれて、Ⓒ親にでも、主君にでも、およそちょっと親しくする人にでも、人に愛されるようなことほど

答 Ⓑ

⇩一つの付属語が複数に影響しているのはⒷ。

並立文節の一つに助詞・助動詞が付いていたら、すべての並立分節にその意味が影響する。特に《**打消・受身・使役・反語・尊敬・謙譲**》の場合、解釈上重要。ポイントは付属語を複数回訳すこと。表面的には、付属語の接続していない並立部分は連用形となる（連用形の対偶中止法という）。

(例)たとひ｛舞を御覧じ、／歌をきこしめさ｝ずとも

Ⓑ子は｛目立て、／耳立て｝られて

32 連用形＋感覚動詞

連用形＋思ふ―〝「終止形」と思う〟と訳す

問 傍線部を訳せ。

まことにありがたく見ゆ。（後鳥羽院御口伝／甲南大）

訳 「（藤原定家の歌風は）ほんとうにめったにないほどすぐれている」と、（私には）感じられる。

《心情を表す形容詞・形容動詞の連用形》＋《感覚動詞「思ふ・見る・見ゆ・覚ゆ・聞く」》は訳しにくい。例題では、〝めったになく感じる〟と訳すと何か変。そんなとき〝「めったにない（心情語の終止形）」と感じる〟と訳せばよい。ただし、「　」内の主語と動詞部分の主語は異なることが原則なので注意。

(1) 形容詞二つ　例 いとうつくしうらうたうおぼえて（源氏物語／龍谷大）

▼「（姫君が）とてもかわいい、いとおしい」と（乳母は）感じて

(2) 形容動詞　例 命婦は、まだ大殿籠らせ給はざりけると、あはれに見奉る。（源氏物語）

▼（帝が）まだお休みになっていらっしゃらないのを、「お気の毒だ」と命婦は拝見する。

(3) 名詞＋断定「なり」の連用形　例 たはぶれにおぼして（多武峰少将物語／東京大）

▼本気ではないのだ、とお思いになって

33 はやく〜けり

気付き構文「はやく〜けり」は、〝なんとまあ！〟

問 傍線部の意味を選べ。

聖教と和歌とは、はやく一つなりけり。（発心集／京都産業大）

Ⓐとっくに前から　Ⓑなんとまあ
Ⓒもともとは　Ⓓもはや全く

訳 尊い仏の教えと和歌の道は、なんと一つのものだったのだ。

答 Ⓑ

⇩「けり」は詠嘆。詠嘆の意味のときは「なりけり」という形が多い。↓84頁

「はやく（早く）・はやう・はや」は副詞。気付き構文であるか普通文なのかで意味が違ってくる。例題のように詠嘆の「けり」を伴う場合は、〝なんとまあ・実は〟と訳す。思いがけない事柄に、たった今気付いたときの表現である。「けり」の詠嘆の意味はうっかり忘れがちで難しい。気を付けよう。

「はやく・はやう・はや」が単独で使われた場合は、〝急いで・すでに・以前は・元々〟の意味。

比較
□はや帰り給へ。（俊頼髄脳／近畿大）　▼急いでお帰りください。
□早うはあて人なれど、（増鏡／明治大）　▼元々は高貴な家柄の人であるが、

34 おそく〜

「おそく＋動詞」は〝なかなか〜しない〟と訳そう

問 傍線部の解釈をⒶ〜Ⓒから選べ。

人々の歌は皆持て参りたりけるに、この大納言の遅く参り給ひければ、使ひを以て遅き由を関白殿より度々遣はしけるに、

（今昔物語集／青山学院大）

訳 人々は皆歌を持って参内していたが、この大納言はいつまでも参内なさらないので、関白殿は使いをやってなぜ遅いのかと何度も催促をさせたところ、

答 Ⓑ

Ⓐゆっくり参内したために準備ができていらっしゃらないので
Ⓑ参内が遅れてまだ到着していらっしゃらないので
Ⓒ最後になってから参内なさったので

形容詞の訳は、**誰が何を形容しているのかが大切**。例題の形容詞「遅し」は、動作をする側から言えば《ゆっくりだ》という意味。しかし、それを待つ側から言えば、《予定された時間に間に合っていない》＝《なかなか〜しない》状態を意味することになる。「遅く参り給ひければ」は、待っている側から見て〝大納言がなかなか（予定に遅れてまだ）参内していらっしゃらないから〟となる。

35 〜（を）…み ……… 理由表現構文 〝〜が…なので〟と訳そう

問 傍線部が「人が多いので」の意味になるように、空欄Ⓐ・Ⓑに仮名を一字入れよ。

咲く花の下にかくるる人Ⓐ多
Ⓑありしにまさる藤のかげかも
（伊勢物語／弘前大）

訳 咲く花の下に隠れている人が多いので、以前にもまさって立派な藤の木陰だなあ。

答 Ⓐを Ⓑみ

⇩在原業平が客として招かれた席で詠んだ歌。ここでの「藤」は藤原氏の一門のこと、「人」は藤原氏の繁栄の恩恵を受けている人のこと。

格助詞「を」＋形容詞語幹＋接尾語「み」は、理由を表す構文。用例を一つ覚えておけば後は簡単だ。

過去問
□若の浦に潮満ちくれば潟を無み芦辺をさして鶴《たづ》鳴き渡る （万葉集／上智大）
⇩潟＋を＋形容詞「なし」の語幹＋み＝〝干潟がないので〟
▼若の浦に潮が満ちてくると、**干潟がないので**、葦の生えた岸辺をさして鶴が鳴きながら飛ぶ。

注意
「を」の部分が省略されていても同様である。
例 山高みつねに嵐の吹く里はにほひもあへず花ぞ散りける （古今和歌集）
⇩山＋形容詞「高し」の語幹＋み＝〝山が高いので〟
▼**山が高いので**常に激しい風が吹く里は、存分に咲くこともできず花が散ることだ。

36 ~ましかば…まし

反実仮想 〝~だったら…だろうに〟と訳そう

問 次の文を訳せ。

参らざらましかば、いかに口惜しからまし
（狭衣物語／明治大）

訳 参上しなかったとしたら、どんなに心残りだっただろうか

⇩「ましか」は助動詞「まし」の未然形。反実仮想であるから、実際には参上している。

(1)~ましかば…まし
(2)~ませば…まし
(3)~せば…まし
(4)~ば…まし

※「まし」は未然形接続 → 88頁

⇩前半はどれも仮定条件。ちなみに(3)の「せ」は助動詞「き」の未然形だが、この形でしか使われないので、反実仮想構文の「せば」のみ覚えておけばよい。

過去問 空所補充も頻出。次の空所に［けむ／なむ／せば／やは］から適当な語句を選べ。

□思ふこと心にかなふ身なり□秋の別れを深く知らまし（更級日記／中央大）

▼思うことがかなう身であったら、秋に人と別れる情趣を深く知るであろうに（実際は知ることができない）。

答 せば（⇩(3)）

☆現実とは逆の事柄を仮定して述べる反実仮想は、意味の上からは、〝~でなくてよかった・~でなくて残念〟の二通りの心情がありうる。例題の明治大の文は前者、中央大の文は後者。

37 つべし・ぬべし・てむ・なむ

強意＋推量　未来のことを強く述べる

問　傍線部の訳はⒶ・Ⓑのいずれが適切か。

母君にはかにかくれ給ひぬべし。

（うつほ物語／青山学院大）

Ⓐお亡くなりになってしまったに違いない

Ⓑお亡くなりになってしまいそうになる

訳　母上は突然（病にかかって）お亡くなりになってしまいそうになる。

答　Ⓑ

⇩選択のポイントは、もう死んだのかまだ生きているのか。

助動詞「つ」「ぬ」に助動詞「む」「べし」等が接続した場合は、「つ」「ぬ」は完了の意味ではなく、強意となる。「む」や「べし」は推量の助動詞であるから、《**未来のことを**確信をもって述べる言い方》と考えよう。だから、訳すときは、推量や意志を「必ず」「きっと!」「まさに」などを使って強めて考えればよい。

(1)〜てむ・〜なむ
(2)〜つべし・〜ぬべし
} 〝まさに〜しそうだ・きっと〜なるに違いない〟

注意　試験では〝〜してしまっただろう〟という選択肢が誤答として用意されていることが多い。未来ではなく過去のことだと解釈している点で**誤答**なのだ。

38 だに〜まして

抑揚構文「aだに〜、ましてb…」

問 傍線部と呼応している部分を抜き出せ。

姉なる人、子うみてなくなりぬ。よそのことだに、をさなくよりいみじくあはれと思ひわたるに、ましていはむかたなく、あはれ悲しと思ひ歎かる。

（更級日記／福岡大）

訳 姉である人が、子どもを産んで亡くなった。他人のことでさえ、幼いころから（死は）ひどく辛いものだと思い続けているのに、ましてや（姉の死では）言いようもなく、ああ悲しいと嘆かずにはいられない。

答 まして

⇩訳の傍線部aが程度の軽い例、bが程度の重い例。

「だに〜まして」は、「だに」の類推用法（程度が軽い例〈a〉を示して、そこから重大なものを想定させる用法）の延長上に、「まして（まいて・いはんや）」と続け、重大なもの〈b〉について述べる、抑揚の構文。〝aでさえ〜だ、ましてやbならばもっと〜だ〟と訳す。例題のように重大なものが明示されていない場合は、文脈から補って解釈する。例題では、《**軽微な例**＝他人の死、**重大なもの**＝姉の死》である。

「だに」は副助詞、「まして」は副詞だが、ここはこの二つがセットになることだけチェック。

39 だに〜希望

希望構文〝せめて…だけでも〜〟／普通文〝…さえ〜〟

問 Ⓐ・Ⓑの文を訳せ。

Ⓐ苔の袂《たもと》よかはきだにせよ（大和物語／千葉大）

Ⓑいらへをだにせず（大和物語／立命館大）

訳 Ⓐ僧衣の袂よ、せめて乾くだけでも乾いてくれ

Ⓑ返事をさえしない

⇩Ⓐは「せよ」がサ変の命令形なので、命令文と判断。《最小限の希望》として訳す。

体言・連体形・助詞など、種々の語に付く。だから、接続よりもまず次のような意味をきちんと押さえよう。

(1) **仮定・願望・命令・意志の文** ⇩最小限の希望を示す。〝せめて〜だけでも〟と訳す。

(2) **普通の文** ⇩類推の意を表し、程度の軽いものを示して、程度の重いものを意識させる。〝〜さえ〟と訳す。

↓44頁

比較 副助詞「〜さへ」は添加を表し、〝〜までも〟と訳す。

例 にほへる色も飽かなくに香《か》さへなつかし（古今和歌集）

▼美しく輝く色も見飽きないのに香までもが魅力的だ。

40 いつしか〜願望

〝早く〜したい・してほしい〟と訳す

問 傍線部を訳せ。

いつしか御崎といふ所にわたらんとのみなん思ふ。（土佐日記／岐阜大）

訳 早く御崎《みさき》という所を過ぎようとしきりに思うばかりである。

⇩「む（ん）」と呼応した願望表現。

注意

「いつしか」以下の願望表現が省略されている場合があるので注意しよう。

□いつしかと思ひしことなれば、「物語もとめて見せよ…」と母を責むれば、（更級日記／法政大）

▼「早く（物語を読みたい）」と思っていたことなので、「物語を探して見せてよ…」と母をせきたてると、

比較

願望文でない場合は〝早くも・いつだったか〟という意味。

□いつしか初秋の月いとあはれなるに（住吉物語／学習院大）

▼早くも初秋となって月がとても趣深い折に

ここで確認5

願望表現

(1)終助詞 「なむ／ばや／てしかな・にしかな／もがな」→47〜50頁

(2)助動詞 意志「む／べし」→76・78頁 打消意志「じ／まじ」→80頁

願望「たし／まほし」

41 未然形＋なむ

……… 要求願望構文 〝（相手に）～してほしい〟と訳そう

問 Ⓐ・Ⓑの文を訳し分けよ。

Ⓐ留《とど》まらなむとおもふ

Ⓑ留まりなむとおもふ

（大和物語／東京女子大）

訳 Ⓐ（相手に）留まってほしいと思う

Ⓑ（私は）留まろうと思う

⇩Ⓐ未然形「留まら」＋願望の終助詞「なむ」

Ⓑ連用形「留まり」＋助動詞「ぬ」の未然形「な」＋助動詞「む」

未然形に接続する「なむ」は終助詞。他に対しての要求願望（あつらえ）を示す。↓99頁（「なむ」の識別）

識別

(1)留まらなむ ⇩未然形接続――終助詞（願望）

(2)留まりなむ ⇩連用形接続――助動詞「ぬ」の未然形「な」＋助動詞「む」↓43頁

難問

次の傍線部「なむ」の訳は右の(1)・(2)のどっち？

□山はさけ海はあせなむ世なりとも君にふた心わがあらめやも（増鏡／青山学院大）

「浅《あ》す」（浅くなる）は下二段活用なので未然・連用形ともに「浅せ」。さあ困った。これは下句の訳〝帝を裏切る心は私には全くありません〟から(2)が正解。〝山は裂け海はまさに浅くなるような（ひどい）世の中でも〟が上句の訳。(1)だとすると二句と三句がつながらない。詠者は温厚優雅な源実朝。願望で訳されたら悲しむでしょう。

42 未然形＋ばや …… 自己願望構文 〝(自分が)～したい〟と訳そう

問 次の文の訳として適切なものをⒶ～Ⓓから選べ。

いましばしさぶらはばや。（讃岐典侍日記／上智大）

Ⓐもう少しお仕えしていてほしい。
Ⓑもうちょっとおそばにいたい。
Ⓒもうしばらくここにいてくれたらよいのに。
Ⓓ今すぐに差し上げたいものがあります。

答 Ⓑ

⇩「ばや」が自己願望として訳出されているものはⒷとⒹのみ。さらに「さぶらふ」（→71頁）の訳からⒷと決定する。

「ばや」は終助詞。自己の願望を示す。→103頁（「ばや」の識別）

比較 ここで47～50頁の願望の終助詞の区別を確認しよう。「ばや」と「てしかな・にしかな」は自己願望。「なむ」だけは他者への要求願望と決まっているので気を付けておこう。最後の「もがな」はどっちでも使うから気にせず柔軟に訳すのが大事。

(1)行かばや〝私が行きたい〟 ⇩自己の願望
(2)行かなむ〝あなたに行ってほしい〟 ⇩相手への要求願望 →47頁

43 連用形＋てしか(な)・にしか(な)

……自己願望構文 〝(自分が)～したい〟

問 次の文を訳せ。

さてもさぶらひてしがな。(伊勢物語／明治大)

訳 こうしてお仕えしていたいものだ。

⇩さても／さぶらひ／てしがな
(さても＝副詞／さぶらひ＝動詞・連用形／てしがな＝終助詞)

「てしか・にしか」は終助詞。自己願望を示す。

同類 同類は以下の通り。濁点が付いても同じ意味であるし、詠嘆の「な」が付いても付かなくても同じ意味。「てしか」「にしか」だけ覚えれば十分だ。

てしか・てしが・てしかな・てしがな
にしか・にしが・にしかな・にしがな

例 そこともいはぬ旅寝してしか。(古今和歌集)
▼どこという予定もない旅寝をしたい。

心にまかせても、ありにしがな。(栄花物語)
▼思うがままにして、過ごしたいなあ。

44 連用形＋もがな

……願望構文"〜といいなあ・〜がほしい"と訳そう

問 次の文は、夫に新しい妻ができた元の妻の述懐である。空所にⒶ〜Ⓓから適切語を補充せよ。

行くべき所［　］、つらくなり果てぬさきに離れなむと思ふ。されど、さるべき所もなし。

（堤中納言物語／東洋大）

Ⓐなむ　Ⓑかは　Ⓒもぞ　Ⓓもがな

訳 （私が）行ける所があってほしい。（夫が）冷たくなってしまわないうちに離れようと思う。しかし、適当な所もない。

答 Ⓓ

「もがな」は終助詞。願望を示す。

同類 がな・がも・もが・もがも・もがもな（「もがな」以外は滅多に問われない）

接続 種々の語に接続する。接続の形はあまり気にしないで、それぞれうまく補って訳そう。

(1)体言　とまる宿もがな（曽我物語／学習院大）▼泊まる宿がほしい

(2)連用形　常にもがもな（百首異見／甲南大）▼永遠であってほしい
長くもがな（百人一首一夕語／北海道教育大）▼長いといいなあ

(3)助詞　都へもがな（土佐日記）▼都へ行けるといいなあ　⇩助詞の下に動詞を補って訳す。

45 暗記動詞

上一段動詞「きみにいゐひ」、下一段動詞「蹴る」のみ

問 「率る」と全く同じ活用の動詞を次のⒶ～Ⓔから一つ選べ。

Ⓐ居る　Ⓑ射る　Ⓒ入る
Ⓓ鋳る　Ⓔ要る
（成蹊大）

答 Ⓐ
⇩すべて「いる」と読めるが、「率る」と同じくワ行上一段活用のものは「居る」だけ。

分類

上一段動詞、下一段動詞、カ変・サ変・ナ変・ラ変動詞は数が少ない。覚えてしまおう。

き　み　に　い（ヤ行）　ゐ（ワ行）　ひ　⇩「君にいゐ日」と覚えよう。

上一段活用＝着る・見る・似る・煮る・射る・鋳る・居る・率る・用ゐる・乾る(干る)
下一段活用＝蹴る
カ行変格活用＝来　サ行変格活用＝す・おはす・～す(複合サ変動詞)
ナ行変格活用＝死ぬ・往《い》(去)ぬ　ラ行変格活用＝あり・をり・はべり・いますかり

過去問

傍線部の動詞の活用の種類は何か。

□Ⓕ「いまそかりける」（西南学院大）　Ⓖ「似させ給はぬ」（國學院大）
Ⓗ「乾《ひ》ぬらむ」（甲南女子大）

答 Ⓕラ行変格活用　Ⓖ上一段活用　Ⓗ上一段活用

46 公式動詞

四段・上二段・下二段動詞は「+ズ」で見つけよう

問 Ⓐ・Ⓑの傍線部の動詞が活用する行・活用の種類を記せ。

Ⓐ馬より下りて
Ⓑ人目も見えず

（更級日記／國學院大）

答 Ⓐラ行上二段活用 Ⓑヤ行下二段活用
⇩Ⓐ「下り-ズ」となるので、上二段。Ⓑ「見る」ではない。「見-ズ」なら上一段で「見る」だが、「見え-ズ」だから下二段で「見ゆ」。

公式動詞とは、「+ず」の公式で活用の種類を判別できる動詞のこと。ほとんどの動詞が判別できる。

識別

(1)行か+ズ ⇩**ア段音**に「ず」が付いたら**四段活用**
(2)起き+ズ ⇩**イ段音**に「ず」が付いたら**上二段活用**
✪ヤ行上二段活用の語は「老ゆ」「悔ゆ」「報《むく》ゆ」と暗記。ア行との混同に注意。
(3)受け+ズ ⇩**エ段音**に「ず」が付いたら**下二段活用**
✪下二段活用の語は、ア行は「得《う》・心得《こころう》」、ワ行は「植う」「飢う」「据《す》う」と暗記しよう。ヤ行は「見ゆ」「聞こゆ」「覚ゆ」などである。未然形が「え」でもア行と混同するべからず。

過去問

□空所に入るかなは？「宇治に隠しす[Ⓒ]たまふ」「あさましく老[Ⓓ]神さびて」（更級日記／千葉商科大）
▼宇治に隠し置きなさる／驚くほど年老い神々しくて

答 Ⓒゑ Ⓓい

47 活用形

上二・下二・ナ変の終止《ウ段》・連体《ウ段＋る》・已然《ウ段＋れ》形に注意

問 Ⓐ～Ⓕの傍線部の動詞の活用する行・活用の種類・活用形を記せ。

Ⓐ生《お》ひ出でて　Ⓑ過ぐる幸ひも
Ⓒ耐ふまじく　Ⓓ暮るれば
Ⓔ見まゐらせしほど
Ⓕ後にぞ思ひ合はする

（國學院大）

答 Ⓐハ行上二段連用形　Ⓑガ行上二段連体形
Ⓒハ行下二段終止形　Ⓓラ行下二段已然形
Ⓔサ行下二段連用形　Ⓕサ行下二段連体形

⇩Ⓐ動詞＋動詞の場合、上は必ず連用形。Ⓑ名詞が下接。Ⓒ語尾がウ段なので終止形。Ⓓ語尾が「ウ段＋れ」の形なら已然形。未然形は「暮れ」。Ⓔ未然・連用同形なので下接語で判断。「し」は過去の助動詞「き」（連用形接続）。Ⓕサ変ではない。「ぞ」の結び。

識別

終止・連体・已然形のような、現代語と感覚的にずれる部分がねらわれる。

(1)過ぐ／過ぐる／過ぐれ——上二段　⇩イ／イ／ウ／ウる／ウれ／イよ
(2)耐ふ／耐ふる／耐ふれ——下二段　⇩エ／エ／ウ／ウる／ウれ／エよ
(3)往ぬ／往ぬる／往ぬれ——ナ変　⇩ア／イ／ウ／ウる／ウれ／エ

注意

「得《う》」「経《ふ》」「寝《ぬ》」（下二段動詞）は漢字一字でも終止形となるので注意しよう。

48 音便

イ音便《おんびん》・ウ音便・促音便・撥《はつ》音便は発音しやすい言い方

問 傍線部を文法的に説明せよ。

一首の御詠を遊ばいて下されけり。（平家物語／中央大）

訳 一首の御歌をお詠みになってお与えになった。

答 サ行四段動詞「遊ばす」の連用形「遊ばし」がイ音便となったもの＋接続助詞「て」

動詞の音便

(1) **イ音便**――泣きたまふ→泣いたまふ（連用形の音便）

(2) **ウ音便**――頼みて→頼うで／仕へまつる→仕うまつる（連用形の音便）

(3) **促音便**――ありて→あつて（連用形の音便）

(4) **撥音便**――終はりぬ→終はんぬ（連用形の音便）／あるめり→あ(ん)めり（ラ変連体形が「めり・なり・べし」に続く場合に起きる連体形撥音便の無表記形）→81・82頁

比較

動詞以外でも、形容詞「よき→よい」、助動詞「べき→べい」等の**イ音便**、形容詞「美しく→美しう」、助動詞「べく→べう」等の**ウ音便**、形容詞・形容動詞・助動詞「べし」「ず」「なり」等の連体形が推定の助動詞「なり・めり」に続く場合の**撥音便**がある。撥音便は「ん」の無表記にも注意。「うれしかるなり→うれしか(ん)なり／おだやかなるめり→おだやかな(ん)めり／べかるなり→べか(ん)なり／ざるめり→ざ(ん)めり／なるなり→な(ん)なり」等である。

49 特殊動詞

二種類の活用と意味がある動詞

問 Ⓐ・Ⓑの傍線部の「頼む」について、活用と意味の違いを記せ。

Ⓐ頼むにつけては、うらめしと思ふこともあらむ。Ⓑ頼めわたることなどもありきかし。（源氏物語／神戸大）

訳 Ⓐ（女が私を）あてにするにつけては、（私の気まぐれを）恨めしいと思うこともあるだろう。Ⓑ（私が相手の女に）あてにさせ続けるようなこともあったのだ。

答 Ⓐは四段活用で〝あてにする〟意。Ⓑは下二段活用で〝あてにさせる〟意。

⇩Ⓑ直後が「わたる」という動詞なので、「頼め」は連用形。よって下二段活用である。

識別 「頼む」の訳し分けには四段活用か下二段活用かをまず探ろう。それから文脈を確認する。

⑴頼まズ／頼みテ…　⇩四段活用――〝あてにする〟
⑵頼めズ／頼めテ…　⇩下二段活用――〝あてにさせる〟《使役動詞》

同類 「かづく」が四段活用をする場合は、〝もらう〟、下二段活用をする場合は、〝与える〟という意味。連用形が「かづき」なら前者、「かづけ」なら後者である。

例 禄どももあまたかづけ給ふ（竺志船物語／センター試験）▼祝儀の品々をたくさんお与えになる。

50 敬語の種類

尊敬・謙譲・丁寧に分かれる

問 Ⓐ～Ⓒの傍線部の敬語の種類を記せ。

Ⓐ迎へ給へ。　Ⓑ待ち奉る。

Ⓒ泣かれ侍りて、

（閑居の友／龍谷大）

訳 Ⓐお迎えください。
Ⓑお待ち申し上げる。
Ⓒ泣かずにはいられませんで、

答 Ⓐ尊敬　Ⓑ謙譲　Ⓒ丁寧

分類

敬語は敬語の種類を覚えるのが基本。尊敬・謙譲・丁寧の三種それぞれに特定の敬語がある。それをこれから本章で勉強しよう。

	表現	訳し方
尊敬語	話題の動作を持ち上げて表現	お～になる ～なさる ～（て）いらっしゃる
謙譲語	話題の動作を引き下げて表現	お～する ～申し上げる ～ております
丁寧語	読者・聞き手に配慮した表現	～です ～ます ～でございます

51 敬意の方向

謙譲＋尊敬の場合は二方向への敬意

問 次の文は、「僧都」から「入道の姫君」への手紙の内容で、手紙を運んだのは「小君」である。傍線部Ⓐ・Ⓑは誰への敬意か。

ことごとには、みづからさぶらひて申しはべらむ。かつがつこの小君Ⓐきこえ Ⓑたまひてむ。

（源氏物語／早稲田大）

訳 詳細は私が自ら伺候して申しましょう。とりあえずこの小君が（あなた様に）申し上げなさるはずです。

答 Ⓐ入道の姫君 Ⓑ小君

⇩「きこゆ」は〝申し上げる〟という意味の謙譲語だから「**誰に**」に相当する人物への敬意。「たまふ」は尊敬語だから「**誰が**」に相当する人物への敬意。

敬意の方向を考える順序

二方向への敬意が表現される場合、「**謙譲語**」＋「**尊敬語**」の順になる。敬意の方向を問われたときはまず、下の尊敬語から先に考え、次に上の謙譲語について考える。**下と上は必ず別の人物が解答になる。**

尊敬語	謙譲語	丁寧語
筆者→主体（「誰が」に相当するもの）	筆者→客体（「誰を」「誰に」「誰へ」「誰から」に相当するもの） ※ただし、下二段活用「給ふ」だけは「聞き手」「読み手」への敬意で、丁寧語に近い用法。	（地の文）筆者→読者 （会話文）話し手→聞き手

52 場面別 敬語①

物のやりとり

たまふ・たぶ ⇕ たてまつる・まゐる

問 次の文を訳せ。

給ばん物をば給はらで、（宇治拾遺物語／日本大）

訳 くださろうとする物をいただかないで、

⇩「給《た》ぶ」の未然形「給ば」と、「給《たま》はる」の未然形「給はら」が問われている。

尊敬⇕謙譲の対比だけでなく、《やる》⇕《もらう》という対比も押さえておこう。

	古語	訳語	⇕	古語	訳語
普通語⬇	与ふ	与える		受く	もらう
尊敬語⬇	たまふ・たぶ・たまはす	**お与えになる くださる**			
謙譲語⬇	奉《たてまつ》る・参《まゐ》る・参《まゐ》らす	**差し上げる**		たまはる	**いただく**

漢字 「たまふ／給ふ／賜ふ」、「たぶ／給《た》ぶ／賜《た》ぶ」、「たまはす／給はす／賜はす」、「たまはる／給はる／賜はる」が混在している。漢字によって意味を特定するのは危険だ。いったん仮名に直して考えよう。

53 場面別敬語② 言う

おほす・のたまふ ⬍ まうす・きこゆ

問 傍線部の敬語の種類とその敬意のない普通の語（終止形）を記せ。

神奈備の皇女ときこえて、后ばらにて、かぎりなくきよらにものしたまふをなむ

（松浦宮物語／法政大）

訳 神奈備《かんなび》の皇女《みこ》と（人々が）申し上げて、皇后様からお生まれになった方で、非常に端麗でいらっしゃる方を

答 謙譲語・言ふ

「言う」

普通語　言ふ

尊敬語　仰《おほ》す・のたまふ・のたまはす

謙譲語　申《まう》す・聞こゆ・聞こえさす（・奏《そう》す・啓《けい》す）

参考

「…と聞こえて」は、人物の初登場時の紹介によく使われる。昔は身分の高い人を直接本名で呼んだりしなかったので、「…と人々がお呼びしていた方」という紹介の仕方になるわけである。

✿「聞こゆ」の識別→69頁　✿「仰す」の識別→70頁　✿「奏す・啓す」→72頁

漢字

「のたまふ」を「宣ふ」「の給ふ」と書いたものもあるので注意しよう。

54 場面別敬語③

聞く

きこす・きこしめす ⇔ うけたまはる

問 傍線部について、後の空所Ⓐ・Ⓑに適語を記せ。

中将の君の御うしろめたさに、御堂よりも高松殿よりも、しきりに御消息あり。されど、聞こしめし入れず。

（栄花物語／千葉大）

「聞こしめす」は「聞く」の［Ⓐ］語であって、文中の登場人物［Ⓑ］に対する敬意を表す。

訳 中将の君のお気掛かりな様子に、御堂殿（藤原道長）からも高松殿（藤原明子）からも何度もお便りがある。しかし、（中将の君は）お聞き入れなさらない。

答 Ⓐ尊敬 Ⓑ中将の君

「聞く」

普通語 聞く

尊敬語 聞こす・聞こし召す

謙譲語 承る

漢字 「承る」を「受け給はる」などと書いたものもあるので注意しよう。

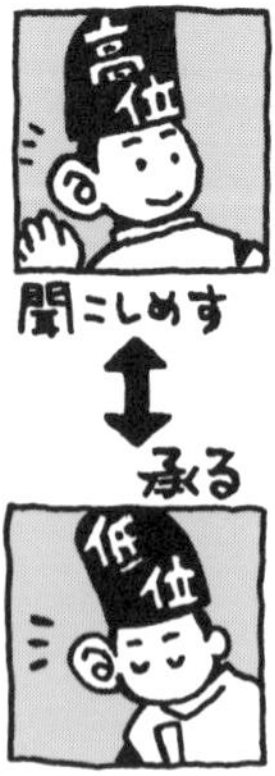

55

場面別 敬語④

存在

いますかり・おはす・おはします ⇔ はべり・さぶらふ

問 Ⓐ・Ⓑの傍線部の活用の種類・活用形・敬意のない普通の語（終止形）・訳を記せ。

Ⓐ讃岐《さぬき》の三位《さんみ》と云ふ人いまそかりけり。（発心集／明治大）

Ⓑほしきものぞおはすらん（土佐日記／秋田大）

訳 Ⓐ讃岐の三位という人がいらっしゃった。Ⓑほしいものがおありになるのであろう。

答 Ⓐラ行変格活用・連用形・あり・いらっしゃる Ⓑサ行変格活用・終止形・あり・おありになる

「存在」

普通語 あり・をり

尊敬語 いますかり（いまそかり）・おはす・おはします・ます・います・まします

謙譲語 侍《はべ》り・候《さぶら》ふ〝貴人のお側にお仕えする〟

丁寧語 侍り・候ふ〝あります・います〟

活用 「おはす」はサ変、「おはします」は四段、「あり、・をり、／いますかり、／はべり、」はラ変活用。

漢字 「います」は「在す」、「いますかり」は「在すかり」、「ます」「います」は「坐（座）す」とも表記する。

56 場面別敬語⑤

往来

おはす・おはします ⇔ 参る・詣づ・罷《まか》る・罷《まか》づ

問 Ⓐ・Ⓑの傍線部を敬意のない普通の語（終止形）で記せ。

Ⓐ人のそよめきて参る気色のありければ
（今昔物語集／京都産業大）

Ⓑ人々あまた声して来なり。国守の御子の太郎君のおはするなりけり。
（宇治拾遺物語／福島大）

訳 Ⓐ人がさやさやと（衣ずれの）音を立てて参上する気配がしたので
Ⓑ人々が大勢騒ぎながらやって来るようだ。国守の御子で長男の君がおいでになるのだった。

答 Ⓐ来　Ⓑ来
⇩Ⓐは謙譲語で、Ⓑは尊敬語。

「往来」

普通語　行く／来《く》
尊敬語　ます・おはす・おはします
謙譲語　（貴所へ）参る・詣づ／（貴所から）罷る・罷づ　＊貴所＝宮中・貴人のいる所・都・神社仏閣等

識別

「おはす・おはします」
(1)往来の動詞「行く・来」の尊敬語
(2)存在の動詞「あり・をり」の尊敬語
(3)補助動詞　〝〜ていらっしゃる・〜でいらっしゃる〟と訳す。

57 本動詞・補助動詞

動詞・助動詞・形容動詞に付く敬語動詞は補助動詞

問 Ⓐ〜Ⓓの傍線部の敬語の種類と本動詞・補助動詞の区別を記せ。

Ⓐ籠《こも》らせたまへらむほど、Ⓑ何とはべらぬ昔物語Ⓒ位をも返したてまつりてはべるに、Ⓓ「あぢきなくなむ」と聞こえたまひて

（源氏物語／西南学院大）

訳 Ⓐお籠りになっていらっしゃるようなとき、Ⓑ何ということもありません昔の話Ⓒ位までも返上申し上げていますので、Ⓓ「つまらないと思う」と申し上げなさって

答 Ⓐ尊敬・補助動詞　Ⓑ丁寧・本動詞
Ⓒ謙譲・補助動詞　Ⓓ謙譲・本動詞

動詞・助動詞・形容動詞に付く敬語動詞は、すべて補助動詞である。敬語の補助動詞は、動詞等の下に付いて、本来の意味を失い、上の動詞等に敬意を添える働きをする。

補助動詞

尊敬　給ふ・たぶ・おはす・おはします・ます・います

謙譲　奉る・申す・聞こゆ・聞こえさす・参らす　※「給ふ（下二段）」はへりくだる場合に使用 ↓64頁

丁寧　侍り・候ふ

58 単語別 敬語①

たまふ（給ふ）

……四段活用なら尊敬、下二段活用なら謙譲

問 Ⓐ〜Ⓓの傍線部の中から意味の上で異質なものを一つ選べ。

Ⓐしばし待ち給へ。
Ⓑまろが参る物にかかり給へる母を
Ⓒ近くと思ひ給へて見侍りつるなり。
Ⓓ他に、いざ給へ、

（うつほ物語／関西大）

訳 Ⓐちょっとお待ちください。Ⓑ私が差し上げる食べ物に頼っていらっしゃる母を　Ⓒ（母の）近くでと存じまして、ここを見つけましたのです。Ⓓよそに、さあいらっしゃい、

答 Ⓒ

⇩ⒶとⒹは命令形、Ⓑは已然形で、四段活用（尊敬）と分かる。Ⓒは「て」が下接しており連用形で、下二段活用（謙譲）となる。Ⓓの「いざ給へ」は18頁参照。

活用

活用		未然	連用	終止	連体	已然	命令	
四段	給	は	ひ	ふ	ふ	へ	へ	⇩尊敬の意
下二段	給	へ	へ	×	ふる	ふれ	×	⇩謙譲の意

識別

(1)**四段**活用動詞 ⇩「与ふ」の**尊敬語**

(2)**四段**活用補助動詞 ⇩**尊敬**の意味を添える

(3)**下二段**活用補助動詞 ⇩**謙譲**（へりくだり）の意味を添える

☆**謙譲の意の「給ふ」とは？**

◆**自分（自分の側の人物）の動作**を表す（「見る」「聞く」「思ふ」「知る」など）語に付く。

◆**会話文・手紙文**に用いられ、自分がへりくだることで、聞き手・読み手への敬意を表す。

◆**丁寧語**に似た性格であり、〝～です・～ます・～ております〟と訳す。「思ひ給ふる」は〝存じております〟と訳されることが多い。

急所

「給へ」がねらわれる！

四段活用の已然形・命令形と下二段活用の未然形・連用形はどれも「給へ」（活用表赤字部分）。入試では、これらの識別がねらわれる。下接部分に着目して冷静に判断しよう。以下の用例は尊敬と謙譲のどちらか考えてみよう。

□臥し給へり。（紫式部日記／山口大） ↓「り」は四段動詞の已然形接続⇩**尊敬**

□「おのれに添ひたまへ」（源氏物語／上智大） ↓命令形→四段活用⇩**尊敬**

□悩ましう思ひ給へしに、（夢の通ひ路物語／センター試験） ↓連用形→下二段活用⇩**謙譲**

□「何事をか思う給へむ」（栄花物語／広島大） ↓「む」は未然形接続⇩**謙譲**

□「思う給へられけれ」とて、（源氏物語／立命館大） ↓「らる」は未然形接続⇩**謙譲**

□見たまへあきらめて、（源氏物語／上智大） ↓動詞＋動詞の場合、上は連用形⇩**謙譲**

□所狭う思ひ給へ侍れども（伊勢源氏十二番女合／センター試験） ↓動詞＋動詞の場合、上は連用形⇩**謙譲**

59 せ給ふ・させ給ふ

……… 尊敬＋尊敬＝最高敬語

問 Ⓐ・Ⓑの傍線部の文法的違いを説明せよ。

Ⓐ御随身《みずいじん》召して、遣水《やりみづ》はらはせたまふ。
Ⓑ几《き》帳《ちやう》の上《かみ》よりさしのぞかせたまへる御さま

（紫式部日記／鹿児島大）

訳 Ⓐ（殿が、）御随身をお呼びになって、遣水の掃除をおさせになる。
Ⓑ几帳の上からおのぞきになるご様子

答 Ⓐは使役の助動詞、Ⓑは尊敬の助動詞。

「せ給ふ・させ給ふ」の場合、助動詞「す・さす」は尊敬の意味となることが多い。「す・さす」と「給ふ」等が重なっているときは、より高い敬意を表す**最高敬語**。しかし、文脈に注意しないと、Ⓐのような**使役**の例もある。

「せおはします／させおはします／しめ給ふ」も**最高敬語**の用法がある。

同類

□五条三位入道俊成、九十に満つと聞かせおはしまして、（建礼門院右京大夫集／立教大）
▼五条三位の入道俊成が、九十歳になると（後鳥羽上皇が）**お聞きになられて**、

□御衣たまはり給へりしを、つくしにもてくだらしめ給へりければ、（大鏡／桜美林大）
▼御衣で帝からいただきなさったのを、筑紫の国に持って**お下りなさった**ので、

60 単語別 敬語②

たてまつる（奉る）

謙譲動詞／謙譲補助動詞／尊敬動詞

問 Ⓐ・Ⓑの傍線部の敬語の種類と訳を記せ。

Ⓐいみじき世の光とめで奉る。（松浦宮物語／法政大）

Ⓑ帝の、赤色の御衣《ぞ》奉りて、（源氏物語／埼玉大）

訳 Ⓐすばらしい世の中の光であるとお褒め申し上げる。
Ⓑ帝が、赤い色の御衣をお召しになって、

答 Ⓐ謙譲・～し申し上げる
Ⓑ尊敬・お召しになる

識別

動詞	「与ふ」の謙譲語	〝差し上げる〟	謙譲語
補助動詞	謙譲の意味を添える	〝お～申し上げる〟	謙譲語
動詞の特例	身分の高い人が「飲食」「着用」「乗車」をする場合では尊敬語となる	〝召し上がる〟（飲食） 〝お召しになる〟（着用） 〝お乗りになる〟（乗車）	尊敬語

コツ 例題Ⓑでは、「御衣」に着目しよう。「着用」の場面である。ただし、「奉る」はほとんどが謙譲の意味で使われるので、まずは謙譲で覚えておこう。Ⓐはセンター試験レベル、Ⓑは国公立二次試験レベルだ。

61 単語別 敬語③

まゐる（参る）

……尊敬と謙譲、二つの場合がある

問 次の文は男君が女君に餅を示しながら語りかけている場面である。傍線部Ⓐ～Ⓒを訳せ。

「これⒶ参れ。」と女君にⒷ参りたまへど、恥ぢてⒸ参らず。（落窪物語／奈良女子大）

訳 （男君は）「これをⒶ召し上がってください」と女君にⒷ差し上げなさるが、（女君は）恥ずかしがってⒸ召し上がらない。

識別

動詞	「行く」「与ふ」の謙譲語	“参上する・差し上げる”	謙譲語
動詞の特例	身分の高い人が「飲食」「使用」をする場面では尊敬語となる	“召し上がる”（飲食） “お飲みになる”（飲食） “お使いになる”（使用）	尊敬語

コツ

例題は、「餅」が出てくる場面であることに注意しよう。「飲食」の場面である。ただし、「参る」は「奉る」と同じく、ほとんどは謙譲の意味の部分しか出題されない。とりあえず謙譲の意味で覚えておこう。高貴な人は食べたり着たりするのも使用人まかせだから、《使用人が食べ物を差し上げている（謙譲）》のがすなわち《高貴な人がお食べになっている（尊敬）》ことの描写になるわけである。

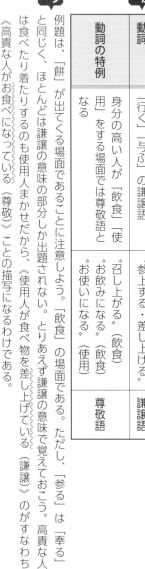

62 単語別 敬語④ きこゆ（聞こゆ）

謙譲の動詞／謙譲の補助動詞／非敬語の動詞

問 次の傍線部と同じ用法のものをⒶ～Ⓔから選べ。

あたまもたげてものなどきこえたまふついでに、

（夜の寝覚／関西学院大）

Ⓐ始めは不堪の聞こえもあり
Ⓑそそのかし聞こゆれど
Ⓒ聞こゆる猫おろしし給ひたり
Ⓓ御返りなど聞こえたり
Ⓔ聞こえぬことども言ひつつよろめきたる

訳 頭を上げて何か申し上げなさるときに、
Ⓐ始めは芸が下手との評判もあり Ⓑすすめ申し上げるが Ⓒ評判の食べ残しをなさった
Ⓓお返事などを申し上げた Ⓔ理解できないことをいろいろ言ってはよろめいている（のは）

答 Ⓓ

⇩例題の傍線部とⒹが敬語動詞。Ⓐは名詞、Ⓑは補助動詞、ⒸとⒺは非敬語の動詞。

識別

(1)動詞の場合 ⇩「言ふ」の謙譲語――"申し上げる" ↓選択肢Ⓓ
(2)補助動詞の場合 ⇩謙譲の意味を添える――"お～申し上げる" ↓選択肢Ⓑ
（以上 謙譲語）
(3)敬語ではない一般の動詞――"聞こえる""理解できる" ↓選択肢Ⓔ
"評判だ""噂になる" ↓選択肢Ⓒ
(4)動詞連用形から転成の名詞――"評判""噂" ↓選択肢Ⓐ
（以上 非敬語）

63 単語別 敬語⑤

おほす（仰す）

……敬語"おっしゃる"／非敬語"命じる"

問 傍線部と同じ意味のものをⒶ～Ⓒから選べ。

「なほいま一つして、同じくは」など言へど、「いな」とおほせらるれば、（枕草子／専修大）

Ⓐ諸国におほせて、船舶を造らしむ

Ⓑ木づたへばおのが羽風に散る花を誰におほせてここら鳴くらむ

Ⓒ官《つかさ》も賜はむとおほせ給ひき

訳 「もう一台車をしたてて、同じことなら（連れていってください）」と言うが、（中宮様が）「いいえ」とおっしゃるので、

Ⓐ諸国に命じて、船を造らせる　Ⓑ木を飛び移ると、自分の羽風で花が散るのに、（鶯はそれを）誰のせいにしてしきりに鳴いているのだろうか。Ⓒ官位もくださろうとおっしゃった

答 Ⓒ

識別

(1)「仰　す」"おっしゃる"（「言ふ」の尊敬語）⇩選択肢Ⓒ ―― 尊敬語
"命じる" ⇩選択肢Ⓐ
(2)「負《お》ほす」"背負わせる・責めを負わせる・名付ける" ⇩選択肢Ⓑ
(3)「生《お》ほす」"生えさせる・育てる" ⇩はぐくみおほすべきよし
(4)「果《おほ》す」"～し通す・やりとげる" ⇩よく食ひおほせつれば
（選択肢Ⓐ～よく食ひおほせつれば）―― 非敬語

64 単語別 敬語⑥ はべり（侍り）・さぶらふ（候ふ）

……謙譲の動詞／丁寧の動詞／丁寧の補助動詞

問 傍線部と文法上同じ働きのものをⒶ〜Ⓔから選べ。

つつしませたまふべきことなむはべる。

（源氏物語／早稲田大）

Ⓐ報いにこそはべるなれば
Ⓑいかなる所にか、この木はさぶらひけむ
Ⓒ清らかにおはしましけり
Ⓓ見せたてまつる
Ⓔ壺に御文添へて参らす

訳 身をお慎みにならねばならぬことがございます。Ⓐ前世の報いでございますので Ⓑどんな所にこの木はございましたか Ⓒ美麗でいらっしゃった Ⓓお見せ申し上げる Ⓔ壺にお手紙を添えて差し上げる

答 Ⓑ

⇩例題とⒷが丁寧の動詞。Ⓐ断定「なり」の連用形「に」の後なので補助動詞。Ⓒ形容動詞連用形の後なので補助動詞。Ⓓ動詞の後なので補助動詞。Ⓔ謙譲動詞「参らす」の一部分。

識別

(1)動詞 ⇩〝仕える〟の意味がある場合——〝お側にお仕えする・伺候する〟——謙譲語
(2)動詞 ⇩〝仕える〟の意味がない場合——〝あります・います・ございます〟
(3)補助動詞 ⇩用言・助動詞に付く場合——〝〜です・〜ます・〜でございます〟（丁寧の意味を添える）
（(2)(3)）——丁寧語

65 単語別 敬語⑦ 奏す・啓す

「奏《そう》す」は天皇に、「啓《けい》す」は皇后・皇太子に〝申し上げる〟

問 傍線部は、誰が誰に「奏」するのか。

俊賢《としかた》の宰相《さいしやう》など、「なほ、内侍《ないし》に、奏してなさむ」となむさだめ給ひし。（枕草子／立教大）

訳 俊賢の宰相などが（感心して）、「やはり帝に申し上げて（清少納言を）内侍にしよう」と評定なさった。

答 俊賢の宰相が帝に

⇩清少納言が上手に返歌を詠んだことが高く評価されたという話。「内侍」は女官の官名。そんな身分の人に「奏す」ことは絶対ない。

参考 「奏す」「啓す」は「言ふ」の謙譲語で〝申し上げる〟の意であるが、相手が限定された特殊な語である。相手が明示されていなくても、〝天皇・朝廷に、皇后・皇太子に〟を意識するべきであり、それが主語探しの手掛かりともなる。逆に言えば、文脈がどうあろうとも「奏す」「啓す」とくれば対象が分かってしまうのだから、便利極まりない。「行幸《みゆき》」「御幸《みゆき》」は、〝天皇のおでかけ〟、「行啓《ぎやうけい》」は〝皇后・皇太子などのおでかけ〟という意である。これは例題とは逆に尊敬語。なお、中世以降は音読みで「行幸《ぎやうがう》」は天皇に、「御幸《ごかう》」は上皇・法皇・女院に用いられた。

66 未然形＋ず …… 打消の助動詞 已然形の「ね」を忘れるな

問 傍線部を文法的に説明せよ。

まさしく名を指してありのままにこそ言はね、皆世の中に常にある事どもにて、

（源氏物語玉の小櫛／岡山大）

訳 はっきりと名を指してありのままに書きはしないが、みんな世間にいつもある出来事であって、

答 打消の助動詞「ず」の已然形「ね」

⇩「こそ〜已然形」の訳し方は→27頁

打消の助動詞「ず」は本来三系列の活用である。

活用

未然	連用	終止	連体	已然	命令	活用
ず	ず	ず	○	○	○	
○	○	○	ぬ	ね	○	（四段型）
ざら	ざり	○	ざる	ざれ	ざれ	（ラ変型）

⇩「ぬ」の識別→101頁

⇩「ね」の識別→102頁

過去問

「ぬ」や「ね」は、一見「ず」と全く異なるので要注意。ずばり活用形が問われたりする。

□「ず」の命令形は何か。（法政大）

答 ざれ

67 未然形＋る・らる

「泣」「思」「嘆」「忍」に付いていたら自発の意

問 Ⓐ〜Ⓔの傍線部の助動詞の意味を記せ。

Ⓐ祭りのころ思ひ出でられてをかし
Ⓑ仰せらるれば（枕草子／日本女子大）
Ⓒそこたちにかやうにせらるべき身にもあらず。（大鏡／立教大）
Ⓓ涙もとどめられず。
Ⓔ泣かれ給ふ。（源氏物語／神戸女学院大）

訳 Ⓐ賀茂の祭りのころが自然に思い出されておもしろい Ⓑ（中宮様が）おっしゃるので Ⓒおまえたちにこのように（なれなれしく）されるような身ではない。Ⓓ涙をとどめられない。Ⓔお泣きにならないではいられない。

答 Ⓐ自発 Ⓑ尊敬 Ⓒ受身 Ⓓ可能 Ⓔ自発

⇩Ⓐ「心情に関する語＋る・らる」の場合は自発
Ⓑ「尊敬語＋る・らる」の場合は尊敬
Ⓒ「…に〜る・らる」の場合は受身
Ⓓ「る・らる＋打消」の場合は可能
Ⓔ「れ給ふ・られ給ふ」の場合は自発か受身

意味＝自発・尊敬・受身・可能（まず自発か否かを考えよう）

活用＝下二段型

⇩「る」の識別→105頁

68 未然形＋す・さす・しむ……単独用法では使役の意

問 傍線部の助動詞の意味を記せ。

千枝・常則などを召して、作り絵仕うまつらせばや。

（源氏物語／立命館大）

訳 千枝や常則などを呼び寄せて、絵に彩色を施し申し上げさせたい。

答 使役

⇩「ばや」は未然形に接続する願望の終助詞。→48頁

意味＝使役・尊敬　活用＝下二段型

コツ
✿場面に注意すること。例題のように「…を召して」とあれば使役と分かりやすい。しかし、そういう具体的表現がなくても貴人の側には基本的に家来やお供の者がいることを忘れないでおこう。
✿尊敬語が直後に来ない単独用法の場合は使役。「言ひ知らせ奉り給ふ」（源氏物語／センター試験）→直後の「奉る」は謙譲語だから「せ」は使役。

69 未然形＋む（ん）……人称に注意！ 連体形用法もチェック!!

問 傍線部の活用形と意味を、ア－終止形、イ－連体形、ウ－意志、エ－推量、オ－勧誘、から選べ。

「歌詠め」と言へば、「いづれの歌をか詠まむ」と言ふ。
（桂園遺文／センター試験）

訳 （私が）「歌を詠め」と言うと、「（私は）どんな歌を詠もうか」と言う。

答 イ・ウ

⇩係り結びにより連体形。主語が一人称なので意志と判断する。

意味 ＝推量。主語の人称によって意味が変わるのが原則

活用 ＝四段型（已然形は「め」になる）

識別

(1)一人称 ⇩（私は）行かむ——意志 〝行くつもりだ〟
(2)一人称＋二人称 ⇩（私と君が）行かむ——勧誘 〝一緒に行こう〟
(3)二人称 ⇩（君は）行かむ——適当 〝行く方がいい〟
(4)三人称 ⇩（彼は・何々は）行かむ——推量 〝行くだろう〟
(5)人称限定なしの一般的判断 ⇩今年とや言はむ——適当 〝今年と言えばよいのか〟
(6)連体形の場合 ⇩
- 行かむは——仮定 〝行くとしたら、それは〟
- 心あらむ友——婉曲 〝風流心のあるような友〟

70 未然形＋むず（んず）

「むず」＝「む」。打消ではない！

問 次の文を訳せ。

いかやうにてか、おはしまさんずる。（古本説話集／専修大）

訳 どのような様子でいらっしゃるのだろうか。
⇩係助詞「か」があるので文末は連体形になっている。

意味 ＝「む」と同じ、推量

活用 ＝○／○／むず／むずる／むずれ／○

注意 「むず」は、「**むとす**」の変形であり、打消の意味はない。引っ掛かりやすいので入試には頻出。「む」＋「ず」と考えては絶対ダメ！「んず」となるとますます元の言葉が分からないし、品詞分解は「む＋ず」としてしまいがち。しかしそこを押さえれば「むず」はもうOKだ。

過去問
□「聞きてんず」を訳せ。（宝物集／島根大）
▼**きっと聞けるだろう**

□「死なむずるを」を品詞分類せよ。（埼玉大）
▼死ぬ**よう**なのを

答 死な（動詞）／むずる（助動詞）／を（助詞）

71 終止形＋べし

……「べし」は「む」の強調／人称に注意！

問 Ⓐ〜Ⓔの傍線部の意味を、ア－推量、イ－命令、ウ－意志、エ－可能、オ－当然、から選べ。

Ⓐ士憂へたまふことなかれ。必ず救ひ参らすべし　（雨月物語）

Ⓑ汝は木綿を商ふべし　（近世畸人伝）

Ⓒ潮満ちぬ。風も吹きぬべし。　（土佐日記）

Ⓓ人、死を憎まば、生を愛すべし。　（徒然草）

Ⓔさりぬべき折を見て、対面すべくたばかれ。　（源氏物語）

（以上同志社大）

訳 Ⓐあなたはご心配なさるな。（私が）必ずお助けしよう

Ⓑお前は木綿を商え

Ⓒ潮も満ちた。風も吹くにちがいない。

Ⓓ人は、死を憎むなら、生を愛するのが当然だ。

Ⓔふさわしい機会を見つけて、対面できるように工夫しなさい。

答 Ⓐウ　Ⓑイ　Ⓒア　Ⓓオ　Ⓔエ

↑B

C↓

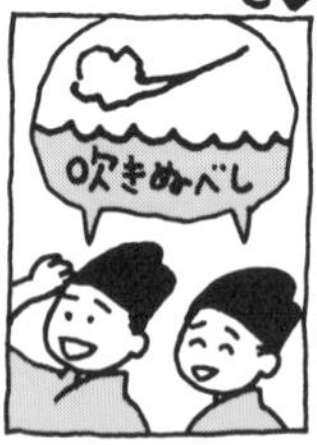

意味 =主語の人称によって意味が決定するのが原則

活用 =形容詞型（カリ活用がある）

識別

(1)一人称 ⇩Ⓐ 自分の行動についての意志を述べる場合―決意 “〜しよう”

(2)二人称 ⇩Ⓑ 特定の相手に行動を要求する場合――命令 “〜しろ”

(3)三人称 ⇩Ⓒ 第三者や事柄について予測する場合――推量 “〜だろう”

(4)人称限定なし ⇩ Ⓓ 一般的判断を述べる場合――当然 “〜のが当然だ”

Ⓔ できるかどうかを述べる場合――可能 “〜できる”

※可能の場合は打消を伴うものも多い。

例 龍に乗らずは、渡るべからず。▼龍に乗らないのなら、渡れない。

コツ まず、可能の意味がとれるかどうかを考えよう。これが一番分かりやすい。可能の意味がとれなかったら、誰（何）について言った言葉かを考えよう。「自分」について「参らすべし」と言っているなら、「べし」は意志というふうに自然と決まってくる。

比較 「む」の適当の意味を強めたものが「べし」の命令や当然である。「べし」は「む」の強調なので、基本的にはどちらも同じ意味をもっている。

⇩「む」→76頁

72 未然形＋じ／終止形＋まじ

……「じ」は「む」の打消、「まじ」は「べし」の打消

問 傍線部を訳せ。

翁姥《うば》らとてもさる方に一度参りては、若き人の遊所《いろざと》に通ひ初めしにひとしく、あはれ一日もおこたらじ、と思ひしめるぞかし。

（くせものがたり／北海道大）

訳 老人や老女であってもそういう所に一度通い出すと、若者が遊里に通い始めたのと同様に、「ああ、（私は）一日も欠かさないようにしよう」と思い込むのだよ。

⇩「じ」の下に引用の「と」があることに着目。
発言部分や思考部分では〝～しないぞ！・～するな！〟という意味のものが圧倒的に多い。

意味 ＝打消意志・打消推量　**活用** ＝ともに形容詞型（カリ活用がある）

識別

(1)一人称 ⇩ただ今は見るまじとて入りぬ――打消意志〝～ないつもりだ〟

(2)二人称 ⇩人にも漏らさせたまふまじ――打消命令＝禁止〝～するな〟

(3)三人称 ⇩月ばかりおもしろきものはあらじ――打消推量〝～ないだろう〟

(4)人称限定なし⇩
- あるまじからむ振舞（一般論）――打消当然〝～してはならない〟
- たはやすく人寄り来まじき家を作りて――不可能〝～できない〟

73 終止形＋めり

目で見て推定する「めり」

問 次の文を訳せ。

かちよりおはしたなめり。

（落窪物語／奈良女子大）

訳 歩いておいでになったようだ。

⇩「たなめり」の元の形は「たるなるめり」。二か所が撥音便となり、さらに二つとも撥音（ん）が無表記となっている。

意味 ＝目で見て推定する〝～ようだ〟

活用 ＝○／めり／めり／める／めれ／○（ラ変型）

接続 ＝**終止形（ラ変型には連体形）**＝ウ段の音に接続

注意 推定「めり」の直前の「あり」「なり」「たり」「ず」「べし」「まじ」は撥音便となるのが原則。また例題のように撥音「ん」が無表記のものも多い。→54頁

例 ★あ(ん)めり・★な(ん)めり・★た(ん)めり・★ざ(ん)めり・べか(ん)めり・まじか(ん)めり★

→「あなたざか（貴方坂）」と覚えよう!!

74 終止形＋なり

……あ・な・た・ざ・か(ん)に続く「なり」は伝聞・推定

問 傍線部を訳せ。

俗聖《ぞくひじり》とか、この若き人々の付けたんなる、あはれなることなり。
（源氏物語／國學院大）

訳 「在俗の聖僧」とこの若い人々が名付けたというのは、殊勝なことだ。

⇩「めり」と同じく、推定「なり」も直前の連体形が撥音便となるのが原則。「たんなる」の元の形は「たるなる」。

意味 ＝耳で聞いて推定する〝〜ようだ〟、伝聞〝〜そうだ・〜と聞く〟

活用 ＝○／なり／なり／なる／なれ／○（ラ変型）

接続 ＝**終止形（ラ変型には連体形）**＝ウ段の音に接続　✿動詞等との識別に注意 ↓100頁

伝聞・推定か断定か接続で判断できない場合、断定「なり」（次項）との識別が難しい（↓83頁〔識別〕）。

識別 **以下のような場合は必ず伝聞・推定の意味になる。**

(1)**音声・演奏・噂・情報**などを聞いている場合。
(2)「ぞ〜なる」「こそ〜なれ」の場合。
(3)**撥音便**（無表記も含む）の直後に「なり」がある場合。あ(ん)・な(ん)・た(ん)・ざ(ん)・か(ん)＋「なり」という5パターン。

75 体言・連体形＋なり …… 体言に続く「なり」は断定・存在

問 傍線部の品詞名・意味を記せ。

経任大納言、いまだ下臈なりし程、（増鏡／熊本大）

訳 経任大納言がまだ低い身分であったころ、

答 助動詞・断定

⇩「下臈」は〝身分の低い者〟という意の名詞。

意味

断定 〝～だ・～である〟 ⇩例題

存在 〝～にある〟 ⇩富士の山はこの国なり。▼富士山はこの国にある。

活用

＝形容動詞型（連用形が「なり・に」の二つある）

なら／なり・に／なり／なる／なれ／なれ

識別

✿断定の「なり」は体言の他、連体形にも接続する。推定の「なり」も、ラ変型動詞には断定「なり」と同じく連体形に付く。よって、ラ変型動詞に付く場合、また、終止形と連体形が同形の動詞（四段・上一段・下一段活用）に付く場合は、推定「なり」との識別が難しい（→82頁〔識別〕）。だが、「なりけり」の形のとき、**「なり」は必ず断定の意だ。**

例 荒れたるなりけり。（土佐日記）▼荒れているのであった。↓「なり」は断定

✿「ななり」「なめり」の傍線部は断定。例「限りなめり」（源氏物語／センター試験）

76 連用形＋き・けり

……「き」は活用を暗記する／「けり」は詠嘆に注意

問 次の文から「こそ」を除いたら文末はどうなるか。

思へるさまにこそ見えざりしか。

（たまきはる／國學院大）

訳 思っている様子には見えなかった。

答 「しか」が「き」になる。

⇩文末は、係り結びによって已然形「しか」となっていたのが、終止形「き」になる。

「き」⇩体験した過去を表すのが原則。

活用＝せ／○／き／し／しか／○　⇩「し」の識別→94頁　⇩「しか」の識別→95頁

「けり」⇩伝聞した過去を表すのが原則。

活用＝ラ変型（已然形「けれ」と、形容詞已然形語尾「～けれ」の識別に注意しよう。識別は別に難しくはないが、気を付けていないとうっかり間違えて答えてしまいがち）

けら／○／けり／ける／けれ／○

コツ 詠嘆の「けり」（いま改めて気付いたときの表現）は、「～なりけり」の形が多い。〝～だったんだなあ！〟と訳せる。→39頁

例 今宵は十五夜なりけり。（源氏物語）　▼今夜は十五夜だったんだなあ。

77 連用形＋つ・ぬ

「つ・ぬ」は活用を暗記。強意に注意！

問 Ⓐ・Ⓑの傍線部を文法的に説明せよ。

Ⓐつらくなり果てぬさきに離れなむと思ふ。

Ⓑかく本意《ほい》にもあらでおはしそめてしを、

（堤中納言物語／東洋大）

訳 Ⓐ（夫が）すっかり冷たくなってしまわぬうちに（私は）ぜひ離れようと思う。

Ⓑこのように不本意にも（あなたが）通い始めなさったが、

答 Ⓐ強意（完了）の助動詞「ぬ」の未然形 Ⓑ完了の助動詞「つ」の連用形

⇩Ⓐ「な」→「ぬ」、Ⓑ「て」→「つ」がすぐに思いつくかがポイント。Ⓐは「なむ」なので強意用法。

「つ」⇩意識的な完了。

活用＝て／て／つ／つる／つれ／てよ（下二段型）

「ぬ」⇩自然な完了。

活用＝な／に／ぬ／ぬる／ぬれ／ね（ナ変型）

注意

✩命令形に注意。例 行きてよ。／行きね。▼行ってしまえ。

✩「てむ・つべし」「なむ・ぬべし」などは強意用法。→43頁

78 連用形＋たり

連用形＋「たり」 存続・完了／形容動詞の「たり」と区別

問 傍線部と同じ用法のものをⒶ～Ⓒから選べ。

春くれて、霞もなごりなく晴れたるさまの歌よむ人多し。

（橿園随筆／武庫川女子大）

Ⓐ将軍たるべし
Ⓑ紫だちたる雲
Ⓒ三味線の手もたるく

訳 春も終わりに近づいて、霞も跡形なく晴れている様子の歌を詠む人が多い。Ⓐ将軍であらねばならない　Ⓑ紫がかっている雲　Ⓒ三味線を引く手もだるそうに

答 Ⓑ

⇩Ⓐは名詞に接続する断定の助動詞「たり」。例題とⒷは存続「たり」の連体形。Ⓒは形容詞「たるし（〝元気がない〟）」の連用形の一部。

活用 ＝たら／たり／たり／たる／たれ／たれ　（ラ変型）

識別
(1)紫だちたる雲　⇩連用形に接続――存続の助動詞「たり」連体形　〝～ている〟＝状態が継続している
(2)着きたる時　⇩連用形に接続――完了の助動詞「たり」連体形　〝～た〟＝動作が終了する
(3)将軍たるべし　⇩体言に接続――断定の助動詞「たり」連体形　〝～である〟
(4)堂々たる人　⇩形容動詞（タリ活用）連体形活用語尾

79 サ変未然・四段已然＋り

……エ段の音＋「ら・り・る・れ」は存続・完了

問 Ⓐ〜Ⓓの傍線部の中で一つだけ異なるものを選べ。

Ⓐ往来せり。　Ⓑ思へり。
Ⓒいへり。　Ⓓ助言したり。
（蘭学事始／青山学院大）

答 Ⓓ

⇩Ⓐ〜Ⓒは直前がエ段の音になっているので完了・存続の「り」。Ⓓは完了・存続「たり」の一部。

意味 ＝「たり」と同じで存続・完了　**活用** ＝ら／り／り／る／れ／れ（ラ変型）

接続 過去や完了の助動詞の中で「り」だけがサ変の未然形と四段の已然形に接続する。この二つはどちらもエ段の音なのである。例題では、Ⓓだけがア段の音から続いていて、違うものとすぐ分かる。接続する活用形がこの二つしかないので、「サ《さ》未《み》四《し》已《い》接続」と覚えよう。

学**せ**り　（サ変未然形＋り）
立**て**らず　（四段已然形＋ら）
書**け**り　（四段已然形＋り）
押**せ**る人　（四段已然形＋る）
降**れ**れば　（四段已然形＋れ）

→ エ段の音＋完了・存続の「り」

↓ 命じるような言い方、と覚えておこう！

⇩「る」の識別 → 105頁

80 未然形＋まし

……「や〜まし」は、ためらい意志〝〜しようかしら〟

問 傍線部を訳せ。

「今は、この渚に身をや捨て侍りなまし」と、聞え給へば、（橿園随筆／武庫川女子大）

訳 「今となっては、この渚に身を捨ててしまおうかしら」と申し上げなさると、

⇩「まし」が接続しているのだから、「な」は未然形。完了の助動詞「ぬ」である。

活用 ＝ましか（ませ）／○／まし／まし／ましか／○

識別

(1)身をや捨て侍りなまし　⇩意志　ためらいを含んだ意志・希望〝〜しようかしら・できるなら〜したい〟

(2)おとなしくきこえなまし　⇩**推量**　「む・べし」に比べて不確かな推量〝〜だろう〟

▼穏当に聞こえるだろう

(3)「ましかば・ませば・せば・ば〜まし」は**反実仮想構文**　→42頁

コツ 問題に出るのはほぼ(1)と(3)だけなので、「や〜まし」と「ましかば〜まし」の二つを覚えておけばよい。仮想の助動詞だから、未然形（未《いま》だ然《しか》らざる形）に接続する、というのも覚えやすい。

81 終止形＋らむ　82 連用形＋けむ

「らむ」現在推量／「けむ」過去推量

問　Ⓐの傍線部を文法的に説明せよ。また、Ⓑの文を訳せ。

Ⓐげにさぞ思さるらむといと見捨てがたけれど（源氏物語／千葉大）

Ⓑいかでかかることありけむ。（無名草子／大阪市立大）

訳　Ⓐ本当にそうお思いにならずにはいられないでいるのだろうと到底見捨て難いが

Ⓑどうしてこんなことがあったのだろう。

答　Ⓐ動詞「思す」の未然形＋自発の助動詞「る」の終止形＋現在推量の助動詞「らむ」の連体形

⇩「けむ・らむ」は四段型活用で終止・連体形は同じ。Ⓐ「ぞ」があるので「らむ」は連体形。Ⓑ疑問副詞「いかで」により「けむ」は連体形。

意味　「らむ（らん）」⇩現在推量　直接は見えていない事柄を推量　〝（今頃は）～しているだろう〟

「けむ（けん）」⇩過去推量　直接は見ていなかった事柄を推量　〝～だったのだろう〟

活用　＝「らむ」…○／○／らむ／らむ／らめ／○　「けむ」…○／○／けむ／けむ／けめ／○

発展　「らむ・けむ」ともに、疑問語「いかで・など」等がある場合は原因推量である。また、疑問語がなくても原因不明の場合は〝どうして〟を補って訳すのがルール。

特別講義 表現順序の完成

問 文中の空欄にふさわしい表現となるよう、後の五つの単語を並べ換え、適宜活用させながら組み合わせて記せ。

① 見まゐらせしほどよりは、おとなしく［　　　　］、と見ゆ。 （讃岐内侍日記／早稲田大）

単語 けり　す　たまふ　なる　ぬ

② （帝が菅原道真に）御衣を脱ぎて［　　　　］、 （十訓抄／早稲田大）

単語 き　を　さす　給ふ　かづく

❶ **訳** 拝見した頃よりは、大人らしくおなりになった、と思われる。

答 ならせたまひにけり

⇩動詞「なる」の未然形＋使役・尊敬の助動詞「す」の連用形＋尊敬の補助動詞「たまふ」の連用形＋完了の助動詞「ぬ」の連用形＋過去の助動詞「けり」の終止形

❷ **訳** （帝が菅原道真に）御衣を脱いでお与えになったのを、

答 かづけさせ給ひしを

⇩動詞「かづく」の未然形＋使役・尊敬の助動詞「さす」の連用形＋尊敬の補助動詞の連用形＋過去の助動詞「き」の連体形＋助詞「を」

動詞「かづく」には〝いただく〟〝与える〟という二つの意味がある（→55頁）が、ここは上位者が主語であるから〝与える〟の意味となる下二段活用。助動詞「さす」は未然形に接続するので、「かづけ」と活用させなくてはならない。

コツ 一つの文節の中で助動詞や敬語の補助動詞が複合したとき、その連接のしかたには、一定の順序性がある。原則として次のような順序となる。

動詞	+	使役・受身（人為・自然）	+	敬語の補助動詞（待遇）	+	存続・完了（状態）	+	推量・推定・打消・過去（推量・判断・記憶）
		す・さす・しむ		奉る・申す・聞こゆ		つ・ぬ・たり・り		む・らむ・けむ
		る・らる		給ふ・おはします		※下位の助動詞はこれより前に来ないのが原則だが、「ざり」「べかり」等は例外		べし
		※尊敬も含む		侍り・候ふ				なり・めり・らし
								まじ・じ・ず
								き・けり

【「なり」（断定）・「たり」（断定）・「ごとし」・「まほし」・「たし」は、変則的な連接をする、別群の助動詞】

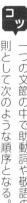

83 「の」の識別

格助詞―"〜で"と訳す同格用法がねらわれる！

問 傍線部を文法的に説明せよ。

唐の本などのいとわざとがましき、沈《ぢん》の箱に入れて、

〈源氏物語／東京都立大〈現・首都大学東京〉〉

訳 中国の手本などで、とても立派なものを、沈香で作った箱に入れて、

答 同格の格助詞

識別

(1) 青き瓶の大きなるを据えて（同一）
⇩同一物を違う言い方で述べるのは**同格** "〜で"
▼青い瓶で大きなものを置いて

(2) 露の命
⇩和歌に多いのは**比喩** "〜のような"
▼露のような命

例の
"〜のように"
▼いつものように

(3) 鶯の鳴く（主　述）
⇩主語を示すのは**主格** "〜が"
▼鶯が鳴く

(4) 春の野
⇩直後の体言を修飾するのは**連体修飾格** "〜の"
▼春の野

(5) 読むのは源氏（もの）
⇩体言の代用の**準体言** "〜もの・こと・人"
▼読むものは『源氏物語』

84 「が」の識別

まず、接続助詞とせずに格助詞で訳してみよう

問 傍線部Ⓐ・Ⓑを文法的に説明せよ。

我等Ⓐが法眷《はつけん》の老僧の有りしⒷが、点じ直したる也。

（正徹物語／新潟大）

訳 私たちの流派仲間の老僧でその場にいた人が、訓点を直したのだ。

答 Ⓐ連体修飾格の格助詞 Ⓑ主格の格助詞

⇩現代語感覚で逆接の接続助詞と解釈しがちなⒷのような部分がねらわれる。

識別

訳してみて、直前に体言（もの・こと・人）が補えれば**格助詞**。そうでなければ**接続助詞**。

(1) 雁などの連ねたる が、いと小さく見ゆるは
（「もの」が補える）

(2) われは実盛なる が、汝は何者ぞ。
（「もの」が補えない）
→「私は実盛であるものが」では変!!

(1)格助詞 **体言・連体形に接続**（用法は「の」と基本的に同じ）

主格 〝〜が〟 連体修飾格 〝〜の〟

同格 〝〜で〟 準体言 〝〜もの・こと・人〟

▼雁などが連なっている姿が、とても小さく見えるのは

(2)接続助詞 **連体形接続**

逆接 〝〜が・〜けれども・〜のに〟

単純接続 〝〜が〟（ただ単に文をつなぐ）

▼私は実盛であるが、お前は何者だ。（単純接続）

85 「し」の識別 ……「しぞ・しも」は強意、除いても意味変わらず

問 Ⓐ〜Ⓒの傍線部を文法的に説明せよ。

Ⓐ心々の世の中となりしほどに、
Ⓑ身のうさは人しも告じ
Ⓒくちをしきことに思ひしみて、
（雨月物語／立命館大）

訳 Ⓐそれぞれ勝手なことをする世の中となってしまったので、Ⓑこの身の悲しさは誰も伝えてくれまい Ⓒ悔しいことだとしんそこ思い、

答 Ⓐ過去の助動詞「き」連体形 Ⓑ副助詞 Ⓒ動詞「（思ひ）しむ」の連用形の一部

識別

連用形に接続していたら**過去の助動詞**、取り除いても意味が変わらないなら**強意の副助詞**。

(1) 世の中と（なり）し（連用）ほどに
我や（住まひ）し

(1) **過去助動詞「き」連体形**
⇩下に体言・格助詞が付いている
⇩「ぞ・なむ・や・か」の使われた文の結び

(2) はるばるきぬる旅を（し）ぞ思ふ（→省ける！）

(2) **強意副助詞「し」**
⇩「しも・しぞ」の形で和歌に多い

(3) 雅やかな心地して（一語）

(3) **動詞の一部**
⇩サ変動詞の連用形活用語尾

86 「しか」の識別

……上に「こそ」または下に「ど・ば」があれば已然形

問 Ⓐ〜Ⓓの傍線部から文法的に異なるものを選べ。

Ⓐはふれ失《う》せにけむとこそ見しか。
Ⓑささのところにありと聞きしか。
Ⓒ「いづれぞ」とありしかど、
Ⓓ日ごろもかく思ひまうけしかば、
（蜻蛉日記／上智大）

訳 Ⓐ今は落ちぶれて行方しれずになったのだろうと思っていた。Ⓑこれこれの所にいると聞いていた子か。Ⓒ「どれなのか」と言ったが、Ⓓ何日もそのように心づもりしていたので、

答 Ⓑ

⇩Ⓑだけが「き」連体形＋「か」。文末にあるが、「こそ」の結びではないので已然形ではないのである。他は「き」の已然形。

識別

文中に「こそ」がないか、下接語は何かで判断しよう。

(1)…とこそ見しか ⇩「こそ」の使われた文の結びは
ありしかど ⇩下が「ど・ども・ば」の場合は ｝過去の助動詞「き」の已然形

(2)聞きしか ⇩〝〜した（こと）か？〟の意は、過去の助動詞「き」の連体形＋係助詞「か」

(3)われやしか思ふ ⇩〝そのように〟という意なら、副詞「しか」

87 「に」の識別

「にけり・にき」のときは完了「ぬ」の連用形

問 Ⓐ・Ⓑの傍線部の違いを説明せよ。

Ⓐ高欄のしものかたに人けはひのすれば、

Ⓑあはれに思ひかけぬところに来たれば、

（和泉式部日記／信州大）

訳 Ⓐ手すりの下の方に人の気配がするので、Ⓑなんとまあ思いがけない所へ来たので、

答 Ⓐは格助詞、Ⓑは形容動詞「あはれなり」の連用形活用語尾。

⇩Ⓐ「かた」は名詞。体言。その他「ほど」や「うち」も体言だから、注意しよう。

識別 接続の違いで「ぬ」を見つけよう。取りあえず⑴～⑹の六つに大別できればよい。

⑴ ほどなく（うせ）連用 にけり

⑵ 光のほのかに見ゆ　→「いとほのか」

⑶ いかなる（心）体言 に（か）あらむ

⑴ **完了の助動詞「ぬ」連用形　連用形接続**

⇩「に」＋助動詞の形の場合―「にけり・にき・にたり」等

⑵ **形容動詞（ナリ活用）活用語尾**

⇩性質・状態を表す語―「いと」を付けて強調できる語の下

⑶ **断定の助動詞「なり」の連用形　体言・連体形接続**

⇩「にあり・にさぶらふ・にはべり」の形になって〝～である・～でござい

都の人にて、

ます〟と訳す例が多い

⇩接続助詞「て」が付く例も多い。　▼都の人であって

ただし、場所・時間・手段の名詞＋「にて」の場合は格助詞

例　舟にて渡る

(4)

体言

枯枝に烏のとまりけり

にほひし ➡もの に変わらざりき

(4) **格助詞「に」　体言・連体形接続**

細かな意味はいろいろだが、現代語の「に」や「で」とほぼ同じ。

⇩〝〜に・〜で〟と訳す

⇩連体形に接続の場合、「に」の直前に体言が補える（準体言）

▼香っていた**もの**と変わらなかった。↓36頁

(5)

待つに見えず（対立）

(5) **接続助詞「に」　連体形接続**

⇩「に」の直前に体言が補えない

⇩逆接は〝〜が・〜のに〟、順接は〝〜ので〟と訳す

(6)

死してすでに二年なり　×「すでなり」

(6) **副詞の一部**

⇩活用がなく、上部と一体で一語となる。―「いかにさらに・つとに・つひに・まさに・よに」等

コツ

❶ (3)・(4)の区別は、「にあり」「にて」の形になっているかいないかで判断。ただし「や・か」の下の「あらむ」の省略に注意！

例　いかなるにか　▼どのようで（**あろうか**）（↓25頁）

❷ (4)・(5)の区別は、連体形の下に体言が補えるかどうかで判断。

❸ (5)は「に」の前後関係（特に対立関係＝逆接）によって判断できればよい。

88 「て」の識別……「てむ／てけり」のときは「つ」の未然形・連用形

問 傍線部と文法的に同じものをⒶ～Ⓓから選べ。

返しまうさせたまひてけり（大鏡／日本大）

Ⓐうたたねに恋しき人を見てしより夢てふものは頼みそめてき

Ⓑをんなもしてみむとてするなり。

Ⓒまことにてなにきく所はねならばとぶがごとくにみやこへもがな

Ⓓからくして、あやしきうたひねりいだせり。

訳 お返し申し上げなさった Ⓐうたたねの夢に恋しい人を見てしまってから、夢というものを私は頼りにしはじめたことだ。Ⓑ女もしてみようと思ってするのだ。Ⓒ（この地は羽根というそうだが）本当に名に聞くとおり（鳥の）羽根ならば、それを使って飛ぶようにして都へ帰りたい。Ⓓかろうじて粗末な歌をひねりだした。

答 Ⓐ

⇩Ⓐには助動詞が下接しているので完了の助動詞「つ」の連用形。他は接続助詞「て」。

識別

どちらの場合も連用形接続なので、下接語で判断しよう。

(1)たまひて(けり)　動　助動 ⇩「て」＋助動詞の形の場合は、**完了の助動詞「つ」未然形・連用形**

※「てむ・てけり・てき・てけむ」等

(2)して(み)む　動 ⇩直後に助動詞が付くことがないのは、**接続助詞「て」**

89 「なむ」の識別 ……… 未然形接続は「なむ」、連用形接続は「ぬ」＋「む」

問 傍線部と同じ用法のものをⒶ～Ⓓから選べ。

いつしか梅咲かなむ
（更級日記／四天王寺国際仏教大）

Ⓐ海に入りなむ。 Ⓑいまひとたびの御幸待たなむ。
Ⓒ花のもとにて春死なむ。
Ⓓもと光る竹なむ一筋ありける。

訳 早く梅が咲いてほしい Ⓐ海に入ろう。Ⓑ再度の帝のお出ましを待ってほしい。Ⓒ花のもとで春死のう。Ⓓ根元が光る竹が一本あった。

答 Ⓑ

⇩「いつしか～なむ」は〝早く～してほしい〟という特殊構文。 ↓46頁

識別 まず接続で判断。ただし、未然・連用が同形の場合は全体を訳して判断する。

(1)入りなむ ⇩**連用形接続は助動詞「ぬ」未然形＋推量・意志の助動詞「む」** ↓43頁

(2)梅咲かなむ ⇩**未然形接続は願望の終助詞「なむ」** ↓47頁

(3)春死なむ ⇩**ナ変動詞**（「死ぬ・往ぬ」）**の未然形活用語尾「な」＋推量・意志の助動詞「む」**

(4)竹なむ ⇩種々の語に接続し、除いても同じ文意なのは**強意の係助詞「なむ」** ↓24頁

難問 □「生ひ出で給はむは心苦しうなむ。」の傍線部は右の(1)～(4)のどれ？（源氏物語／同志社大）

「心苦しう（心苦しく）」＋「はべり」の間に係助詞「なむ」が入って、文末の「はべる」が省略されている。

▼お育ちになるのはお気の毒で（ございます）。

答 (4)

90 「なり」の識別

終止形接続は推定、体言・連体形接続は断定

問 傍線部と同じ用法のものをⒶ～Ⓓから選べ。

行成はいみじき者なり。（十訓抄／日本大）

Ⓐうれしくおぼゆるなり。
Ⓑ笛をいとをかしく吹きすまして、過ぎぬなり。
Ⓒ六月になりぬれば、
Ⓓ静かなりつる御遊び

訳 行成はすばらしい人物だ。Ⓐうれしく感じるのだ。Ⓑ笛をとてもすばらしく吹いて、通り過ぎていったようだ。Ⓒ六月になったので、Ⓓ静かであった御遊び

答 Ⓐ

識別

まず接続で判断。ただし、ラ変型活用語の連体形には(1)も(2)も付くので難問。 ↓82頁

(1) おぼゆる（連体）なり ⇩体言・連体形に接続しているのは**断定・存在の助動詞** ↓83頁

(2) 過ぎぬ（終止）なり ⇩終止形（ラ変型は連体形）に接続しているのは**伝聞・推定の助動詞** ↓82頁

(3) 六月になり ⇩「～になる・～となる」の型なら**動詞「なる」の連用形**

(4) 静かなりつる ⇩性質・状態を表す語の下にあるのは**形容動詞ナリ活用の語尾**

91 「ぬ」の識別

「ぬ」が終止形なら完了、連体形なら打消の助動詞

問 Ⓐ～Ⓓの傍線部から文法的に異なるものを選べ。

Ⓐその夜は何となくて明けぬ。
Ⓑ見ならはぬ心地する。
Ⓒおとなしくならせたまひにける。
Ⓓ今は、さは、帰らせたまひね。

（讃岐典侍日記／上智大）

訳 Ⓐその夜は何事もなく明けた。Ⓑ見慣れない感じがする。Ⓒ大人っぽくおなりになった。Ⓓもう、それでは、お帰りになってしまいなさい。

答 Ⓑ

⇩Ⓑでは「見ならは」が「見ならふ」の未然形。他の「ぬ」は連用形に付いている。またⒷでは「心地」という名詞が下にあるからもちろん「ぬ」は連体形。Ⓓは102頁参照。

識別

完了の「ぬ」か打消の「ぬ」かは、活用形さえ分かればOK。接続で確認しよう。

(1)明けぬ。 ⇩ 「ぬ」が**終止形**なので、**連用形接続の完了の助動詞**「ぬ」**終止形** ↓85頁

(2)見ならはぬ心地 ⇩ 「ぬ」が**連体形**なので、**未然形接続の打消の助動詞**「ず」**連体形** ↓73頁

注意

係り結びや会話文の終わりに注意。たとえば「すべて物ぞ覚えぬ」という例では、「覚ゆ」が未然形も連用形も同じ「覚え」なので接続では確認できない。係り結びから「ぬ」は**連体形**と判断。

92 「ね」の識別

「ね」は命令形なら完了、已然形なら打消の助動詞

問 傍線部を文法的に説明せよ。

「はや舟出して、この浦を去りね」と、のたまはす。（源氏物語／成城大）

訳 「早く船を出してこの海岸から去ってしまえ」と仰せになる。

答 完了の助動詞「ぬ」命令形

⇩「去り」は「去る」の連用形だから、完了「ぬ」と判断。

識別

完了の「ね」か打消の「ね」かは、活用形さえ分かればOK。接続で確認しよう。ただし係り結びと会話文の終わりに注意。命令形はほとんど会話文の中にしか出てこない。

(1) 帰りたまひね。（せりふの中）

(2) えこそ聞き知らね。（係り結び）

いつとは思ひ出でねども

(1) 完了の助動詞「ぬ」命令形　連用形接続 → 85頁

⇩命令文の文末だから命令形

(2) 打消の助動詞「ず」已然形　未然形接続 → 73頁

⇩係助詞「こそ」がある場合の結び

⇩下に「ど・ども・ば（已然形に接続）」が付いている

93 「ばや」の識別

文末にあれば終助詞、条件提示なら「ば」＋「や」

問 傍線部と同じ語のものをⒶ～Ⓒから選べ。

「ちと承らばや」と言はれければ、（徒然草／龍谷大）

Ⓐ五月来ば鳴きも古りなむほととぎすまだしき程の声を聞かばや
Ⓑ秋の夜の千夜を一夜になずらへて八千夜し寝ばや飽く時のあらむ
Ⓒ久方の月の桂も秋はなほ紅葉すればや照りまさるらむ

訳 「少々お話を伺いたい」とおっしゃったところ、Ⓐ五月になれば鳴き声も古びるに違いない、時鳥よ、まだそうならない時の声を聞きたいものだ。Ⓑ長い秋の夜の千夜を一夜として、その数え方で八千夜共寝をしたとしたら、満足する時がくるだろうか。Ⓒ月に生える桂も秋にはやはり紅葉するので月の光が一層輝くのだろうか。

答 Ⓐ

識別

まず接続で判断。(1)・(2)の区別は文意で決定しよう。仮定条件の意味がとれたら(2)。

(1)聞かばや　⇩未然形接続　文末にあって願望を表す**願望の終助詞「ばや」** →48頁

(2)寝ばや　⇩未然形接続　**接続助詞「ば」＋係助詞「や」**
仮定条件＋疑問だから〝～としたら(…だろうか)〟と訳す。

(3)紅葉すればや　⇩已然形接続　**接続助詞「ば」＋係助詞「や」**
確定条件＋疑問だから〝～なので(…だろうか)〟と訳す。

94 「らむ」の識別 …… 終止形接続は「らむ」、サ未四已《さみしい》接続は「り」＋「む」

問 傍線部を品詞に分け、それぞれ品詞名を記せ。

心の闇《やみ》も晴れぬらんかし。（仏道の記／埼玉大）

訳 心の迷いもきっと晴れているだろうよ。

答 晴れ（動詞）・ぬ（助動詞）・らん（助動詞）・かし（助詞）

⇩この「ぬ」は推量を強調するもの（↓43頁）。「らん」は現在推量。〝晴れてしまっただろう〟ではない。「かし」は強意の助詞。

識別 すべて接続で判断できる。

(1) 生（け）らむほど（エ段音）

(2) 晴れ（ぬ）らんかし（ウ段音）

(3) 何の用か侍らむ（一語）

(1) 完了の助動詞「り」未然形＋推量の助動詞「む」↓87頁
⇩サ変未然形・四段已然形接続《エ段音接続》

(2) 現在推量の助動詞「らむ」↓89頁
⇩終止形（ラ変型は連体形）接続《ウ段音接続》

(3) ラ行動詞の未然形活用語尾＋推量の助動詞「む」
⇩活用語の語幹の下にある「らむ」。「ら」は上部と一体で一語。

95 「る」の識別 …… 未然形接続は「る」、サ《さ》未《み》四《し》已《い》接続は「り」

問 傍線部と文法上同じものをⒶ～Ⓒから選べ。

われはと思へる人

（紫式部日記／日本大）

Ⓐしみじみと見ゆるぞかし。
Ⓑいづれの船にか乗らるべき。
Ⓒただ木ぞ三つ立てる。

訳 自分こそはと思いあがっている人
Ⓐしみじみと見えることだ。Ⓑどの船にお乗りになるつもりだろうか。Ⓒ木が三本だけ立っている。

答 Ⓒ

識別

これも接続で判断しよう。

(1) 乗らる（ア段音）
(2) 思へる（エ段音）
(3) 一語 見ゆる

(1) 受身・尊敬・自発・可能の助動詞「る」終止形 →74頁
⇩未然形接続《ア段音接続》

(2) 完了の助動詞「り」連体形 →87頁
⇩サ変未然形・四段已然形接続《エ段音接続》

(3) 活用語の終止形・連体形の一部
⇩上部と一体で一語

96 掛詞

掛詞《かけことば》（懸詞）は同音異義語。仮名の箇所から疑ってみよう

問 Ⓐ・Ⓑの歌の傍線部は掛詞となっている。それぞれ何と何の掛詞か。

Ⓐよどみなく涙の川はながるれどおもひぞ胸をやくとこがるる
（成尋阿闍梨母集／早稲田大）

Ⓑ忘れずは葛の下葉の下風のうらみぬほどに音を聞かせよ
（浜松中納言物語／九州大）

訳 Ⓐよどむことなく涙は川のように流れるけれど、（わが子への）思いは、火が胸を焼くかのように焦がれている。
Ⓑ私を忘れないならば、葛の下葉が吹く風に裏を見せる、その「うらみ」ではないが、私が恨みに思わない程度に便りをください。

答 Ⓐ「思ひ」と「火」 Ⓑ「裏見」と「恨み」

⇩漢字でなく仮名で表記されている箇所に注意。
Ⓐ「火」は「恋ひ」と掛詞になることもある。

入試最頻出の掛詞は、同音異義を利用して一語に二つの意味をもたせる技法。左の掛詞くらいは知っておこう。難解な掛詞を指摘させる場合は、設問や本文直前部分にヒントが付いているものが多い。

同類 特選掛詞20

秋／飽《あ》き　杉／過ぎ　松／待つ　泣く／無く　踏み／文《ふみ》　眺め／長雨《ながめ》　行く／生く
入《い》る／射《い》る　立《た》つ／発《た》つ　竜田《たつた》／立つ　枯《か》る／離《か》る　降《ふ》る／経《ふ》る　止《や》み／闇　無み／波・涙　見る／海松《みる》
甲斐《かひ》／貝《かひ》　寝《ね》／音《ね》　深雪《みゆき》／御幸《みゆき》　岩手／言はで　因幡《いなば》／往《い》なば

97 縁語

縁語《えんご》は、関連のある言葉を意識的に使用したもの

問 次の文について縁語を三語指摘せよ。

思ひ続けて夜もすがら、包むとすれど涙川、袖《そで》のしがらみせきかねて、
（横笛草子／東北大）

訳 思い続けて夜通し、隠そうとしても川のように流れる涙を、袖でせきとめられず、

答 川／しがらみ／せき

⇩縁語が散文に用いられた例である。「しがらみ（柵）」は〝川の水をせきとめるもの〟、「せき（せく）」は〝川をせきとめる〟の意。

主題とは別に、ある語に関連する語を多用する技法。例題では《涙が流れてしかたない（「涙」を「袖」で「包」めない）》というのが主題であり、**縁語の部分は主題とは別の言葉の遊びに過ぎない。**「涙川」（涙の多く流れるさまの比喩表現）の語から、「川」に縁のある「しがらみ」「せき（「堰《せ》く」の連用形）」という語を使っているのである。

注意 縁語が掛詞として隠れていることも多い。次例では「飛鳥《あすか》川」の中に「今日」「昨日」の縁語の「明日《あす》」が隠れている。

□世の中はなにか常なる飛鳥川昨日の淵ぞ今日は瀬になる（古今和歌集）

▼この世では何が不変だというのか。「明日」という名を持つあの飛鳥川でも昨日までの深い淵が今日は浅い瀬になっているのだ。

98 物名歌

物名歌《もののなうた》は、隠してものの名を詠み込む歌

問 次の和歌への返事として、薫《た》き物を差し上げた。それがなぜこの歌への返事になるのか、和歌の技巧を考えて答えよ。

逢坂《あふさか》もはては往来《ゆきき》の関《せき》もゐず尋ねて訪《と》ひこ来なば帰さじ

（栄花物語／名古屋大）

訳 会いたいと思っても邪魔をする関守《せきもり》も今はいないから、（混合した香を少し持って）訪ねて来い、来たなら寵愛して帰さないつもりだ。

答 「あはせたきものすこし」という言葉が各句の頭と末の部分を使って（沓冠の技巧で）詠み込まれているから。

物名歌は、物の名やメッセージを詠み込む技法。折句《おりく》・沓冠《くつかぶり》・隠題《かくしだい》と三分類ある上に、上から読むものも下から読むものもあって見抜くには柔軟思考が必要。また、清音・濁音は同一とする（例 し＝じ）。

分類

(1)各句の頭部分を利用する**折句** **《かきつばた》**

唐衣《からころも》／着《き》つつなれにし／つましあれば／はるばるきぬる／旅をしぞ思ふ（伊勢物語）

(2)各句の頭と末を利用する**沓冠** **《あはせたきものすこし》**

逢坂も／はては往来の／関もゐず／尋ねて訪ひこ／来なば帰さじ

(3)句にこだわらず自由な位置を利用する**隠題** **《ほととぎす》**

来べきほど／時過ぎぬれや／待ちわびて／鳴くなる声の／人をとよむる（古今和歌集）

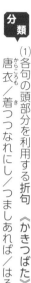

99 序詞

序詞《じょことば》は、比喩・同音・掛詞利用の三種

問 次の和歌に用いられていない技巧はどれか。Ⓐ〜Ⓓから選べ。

風吹けば沖つ白波竜田山夜半にや君がひとり越ゆらむ

（伊勢物語／東京女子大）

Ⓐ序詞　Ⓑ掛詞
Ⓒ縁語　Ⓓ折句

訳 風が吹くと沖の白波が立つ、その「たつ」ではないが、竜田山を夜中に今あなたはひとりで越えているのだろうか。

答 Ⓓ

⇩「風吹けば沖つ白波」が「たつ」を導き出す序詞。「たつ」が「(波が) 立つ」と「竜田山」との掛詞。「沖」「白波」「たつ」が縁語。

主題とは直接関係のない部分（序）を主題の前に置き、主題を導き出す技巧。和歌修辞だが散文にも使われる。

分類

(1)比喩的
（序）あしひきの山鳥の尾のしだり尾の　ながながし夜をひとりかも寝む（拾遺集）
…尾のように長い

(2)同音反復利用
（序）みかの原わきて流るる泉川　いつ見きとてか恋しかるらむ（新古今和歌集）
泉（いづみ）＝いつみ

(3)掛詞利用
（序）風吹けば沖つ白波　竜《たつ》田《た》山夜半にや君がひとり越ゆらむ
「(波) 立つ」と「竜（たつ）田山」

100 枕詞

枕詞《まくらことば》は通常五音、主題とは直接関係ない固定的な前置き語

問 以下の中から枕詞があればすべて抜き出せ。

「いその神ふるきみやこ」
「年の内に春はきにけり」
「そでひちてむすびし水」
「たまぼこのみちゆき人」
「ひさかたのあまのかぐ山」
「郭公《ほととぎす》なくやさ月」

（近代秀歌／鹿児島大）

訳 「（石上の辺りの地名を布留というが、その「ふる」ではないけれども）古い都」「まだ年が明けない内に春が来てしまった」「袖をぬらしてすくった水」「道行く人々」「天の香具山（奈良にある山の名）」「ほととぎすが鳴いているではないか、この五月」

答 いその神／たまぼこの／ひさかたの

⇩いその神（石上）→「古《ふ》る」の枕詞
たまぼこの→「道」の枕詞
ひさかたの→「天《あめ》・雨・月・光」の枕詞

同類

あかねさす→日・昼・紫
からころも→着る
たらちねの→母・親
あしひきの→山
くさまくら→旅・結《ゆ》ふ
ちはやぶる→神・社
あをによし→奈良
しろたへの→衣・袖・袂《たもと》
ぬばたまの→夜・黒

GOAL!!